¿DIOS TODAVÍA?

TODAVÍA?

Reflexiones sobre el acontecer de Dios
en el mundo de hoy

JESÚS ESPEJA
JESÚS DÍAZ SARIEGO

¿DIOS TODAVÍA?

Reflexiones sobre el acontecer de Dios
en el mundo de hoy

EDIBESA

¿DIOS TODAVÍA?
REFLEXIONES SOBRE EL ACONTECER DE DIOS EN EL MUNDO DE HOY

© 2025 Jesús Espeja y Jesús Díaz Sariego

© SAN ESTEBAN EDITORIAL–EDIBESA 2025

© EDIBESA 2025

Sede social y ediciones:
Pza. Concilio de Trento, s/n. 37001 Salamanca
Tfn. 923 26 47 81

Administración y comercialización:
c/ Juan de Urbieta, 51. 28007 Madrid
Tfn. 913 45 19 92
E–mail: info@edibesa.com

ISBN: 978-84-19640-74-1
Depósito Legal: M-16912-2025

Diseño de cubierta e interiores: Susana Folgado

Imprime: Gráficas Dehón

IMPRESO EN ESPAÑA – PRINTED IN SPAIN

Índice general

Introducción

Hubo un tiempo en nuestra sociedad española en que se daba por supuesta la existencia de Dios como fundamento y horizonte para la realización de la humanidad. No hacía falta demostrarlo, pues era una evidencia social, un supuesto y referencia espontánea para todas las situaciones límite. Pero el contexto ha cambiado en el proceso de secularización que está viviendo esta sociedad, cada vez más emancipada de la tutela religiosa.

1. La modernidad ha irrumpido de golpe. Y en la sensibilidad moderna, la subjetividad ocupa un puesto central. La persona quiere ser ella misma, pensar y actuar por su cuenta. Ser autónoma, libre y feliz, medida de todo lo creado. Para esta nueva sensibilidad la existencia de Dios como fundamento de un orden preestablecido, y dictando unos mandamientos que los humanos deben obedecer so pena de castigo, ya no es de recibo.

El hombre moderno comprueba que para vivir tiene sus propias certezas y puede mantener buenas relaciones humanas sin necesidad de acudir a Dios. Y la sociedad moderna se organiza y funciona sin acudir a instancias religiosas que garanticen su cohesión. En la modernidad, el ser humano ha tomado conciencia de que el desarrollo del mundo está en sus manos; sobran una divinidad tapa agujeros y una religión que dispense a los humanos de su responsabilidad en ese desarrollo.

Por otro lado, en el último siglo la humanidad ha sufrido guerras sangrientas y exterminios sin fin. En un mundo cada vez más intercomunicado, estamos viendo cómo la fría lógica del comercio buscando el máximo beneficio, siembra en nuestra tierra desigualdad, pobreza y miseria escandalosas. En esa lamentable situación de injusticia, Dios guarda silencio. Parece que lo más razonable es creer que no existe y que lo más sensato es no hablar del tema.

2. Pero también estamos viendo que ante la palabra "Dios", unos bendicen y otros maldicen; unos se arrodillan y otros blasfeman. Invocando ese nombre unos matan y otros gastan su vida en favor de los demás. Unos viven atemorizados por miedo al castigo, y otros viven confiados en que una presencia de amor nunca los abandona.

Por otro lado, si esa referencia desaparece ¿hacia dónde podemos mirar los mortales cuando, tarde o temprano, con más o menos conciencia, pero ineludiblemente, nos enfrentamos con esa tensión que nos constituye? Un deseo de vida feliz sin límite, y constatación existencial de que el mayor bien conseguido es pequeño. Si abandonamos o abstraemos de esa palabra para evocar el misterio que nos envuelve ¿a qué o quién podemos acudir los seres humanos en nuestro desvalimiento? Cuando ante tantas situaciones que desbordan, acudimos a ese misterio que llamamos Dios ¿se trata de un monólogo imaginario e inútil, o de un diálogo con una Presencia real?

Se comprende que nuestra meditación sobre ese misterio inabarcable tiene que ser modesta. Todo lo que digamos no será indiferente, pero sí deficiente.

3. No es racionalmente demostrable la existencia o la no existencia de Dios. Pero la cuestión de fondo parece ser qué estamos diciendo cuando decimos "Dios", qué contenido damos a esa palabra.

Nadie ha visto a Dios, aunque todas las religiones hablan de un Absoluto que cada una interpreta con su propio matiz. Clave para el discernimiento cristiano de Dios es la encarnación que tiene plenitud en Jesucristo: Presencia de amor que gratuitamente se da en condición humana. Una fe o experiencia que es punto de partida y criterio de aproximación a ese misterio de Dios siempre mayor.

Desde esta fe cristiana, percibimos como amor ese misterio inabarcable que llamamos Dios; que continuamente fundamenta, sostiene, a todos y a todo da vida y aliento. Sin esa Presencia, las criaturas no podríamos existir. En esa perspectiva creyente Dios es necesario.

Pero esta fe o experiencia es gratuita. No se impone con argumentos racionales ni por coacción; menos aun al hombre moderno celoso de su autonomía y de su libertad. Ni vale argumentar que Dios es necesario para solucionar situaciones difíciles de los humanos; o para que encontremos sentido y seamos felices en lo que estamos haciendo. Hay que situar ese misterio más allá de lo útil o necesario. Su existencia responde al Deseo de todos los deseos que nos constituyen. Esa huella o chispa de divinidad que arde ya en el corazón humano.

4. Parece ingenuo hablar de Dios en una cultura marcada cada vez más por el olvido y ausencia de ese misterio. Quizás esta ausencia temporal signifique la muerte de

una divinidad todopoderosa, cuya trascendencia es la del ser Absoluto fabricado por el teísmo filosófico y teológico. Puede ser oportunidad para aproximarnos al misterio de Dios cuyo poder se manifiesta en la misericordia. Su trascendencia es del amor que totalmente se da en la cruz.

Con esta perspectiva podemos aceptar que en nuestra sociedad está muriendo una presencia mundana de la divinidad como poder que domina, y se abre campo a una Presencia de amor que seduce. Un indicativo saludable para la Iglesia en la sociedad española: pasar de una presencia pública en la lógica del poder, a una presencia pública en el amor que seduce.

En clave de la encarnación todavía en proceso, los capítulos de este libro son meditaciones sobre una Presencia de amor inabarcable precisamente porque en ella existimos y nos movemos en el transcurso del tiempo y en el dinamismo de cada cultura.

No es solo que Dios, como Presencia de amor que se da, es amigo de los humanos. Nos fundamenta y constituye radicalmente. No se reduce ni agota en toda la humanidad, pero tampoco es ajena, o alejada de cada persona. En esa Presencia habitamos y caminamos; da vida y aliento a todos nuestros pasos. Podemos ignorarla, pero sin ella dejaríamos de existir.

5. Solo si se autocomunica podemos conocer algo de Dios. No puede ser resultado, proyección de nuestro sueño o estar en función de nuestras necesidades como tapa agujeros. La gloria de Dios es que los seres humanos vivamos con dignidad, y nos desarrollemos integralmente.

Luego, en este desarrollo integral de lo humano, podemos discernir esa presencia o gloria de Dios.

Debemos actualizar lo que llamamos encarnación continuada: en cierto sentido el Hijo de Dios se ha unido a toda persona humana. Y así en la vida y en la evolución de las personas con su historia Dios también se está revelando.

En el mundo moderno la subjetividad ha pasado a primer plano. Las personas reclaman ser ellas mismas, libres, autónomas, y felices. Este reclamo es signo de la encarnación continuada. En esos justos anhelos podemos discernir la presencia y la llamada de Dios encarnado.

Se trata de una Presencia que rompe todos nuestros esquemas y montajes para mantener el poder sobre los demás y desmonta los continuos ídolos o falsos absolutos que nos salen al camino. Suscita comprensión, compasión y apasionamiento para gastar la vida por amor a los otros. Siendo germen de liberación, justicia y paz en un mundo roto.

Una Presencia que significa luz y fuerza en esa noche oscura del sufrimiento, hasta poderlo interpretar como expresión del amor. Si el sufrimiento es ineludible cuando se ama de verdad ¿esa Presencia de amor no estará trabajando con nosotros, alegrándose en nuestras alegrías y sufriendo en nuestras desgracias e inspirando nuestro coraje de futuro?

Una Presencia que continuamente atrae como porvenir inagotable que mantiene viva nuestra confianza en el presente y mirando al futuro.

Todo eso va incluido en la encarnación continuada, clave para interpretar bien el enfoque en los distintos capítulos de este libro. No intenta demostrar nada. Solo meditar y ofrecer esa meditación sobre la fe cristiana en ese misterio que llamamos Dios.

Este libro, de algún modo, viene exigido por otros dos publicados en esta misma editorial: *Palabra de Dios en lenguaje humano,* 2019; y *El Evangelio en una sociedad laica,* 2024. Deben ser leídos como una Trilogía.

Gracias a los lectores.

Caleruega (Burgos), 25 de marzo de 2025.
Fiesta de la Encarnación

1. A vueltas con Dios

En 1972 apareció en castellano el libro de H. Zahrnt, *A vueltas con Dios. La teología protestante del siglo XX*. Refleja bien el debate sobre Dios en la teología protestante de aquellos años. Pasadas varias décadas, el título sigue siendo actual. Dada la situación presente de la sociedad española donde cundiendo la indiferencia religiosa, quizás habría a que poner el título *A vueltas con Dios* en interrogante. Pero podemos quitarnos de encima ese misterio en que discurre nuestra existencia y que las religiones llaman "Dios".

Después de una nota de ambientación, nos aproximamos a esa complejidad en dos pasos. En la sociedad existe una indiferencia generalizada sobre el tema; la gente vive como si Dios no existiera, y reclamos de trascendencia desconectados de la religión. En la Iglesia o comunidad cristiana también hay cierta confusión.

En 1971 la Asamblea Conjunta de Obispos y Sacerdotes, con certera visión del cambio, constató: "el mundo moderno ya está aquí, dentro de casa". En la modernidad se había reconocido como hecho cultural "la muerte de Dios". Esa sensación fue calando primero en los ámbitos universitarios y después en el resto de la sociedad española.

En el mundo moderno salen a escena los justos reclamos de la subjetividad: dignidad de la persona e igualdad en los derechos fundamentales, libertad de conciencia, autonomía en la gestión de las tareas seculares, búsqueda de felicidad. Y pensadores humanistas han percibido en la religión cristiana una divinidad que reprime o ignora esos reclamos.

El Vaticano II, sensible a los aires de la modernidad y consciente de la situación, avisó a los cristianos sobre su responsabilidad ante el ateísmo por las imágenes de la divinidad que estamos dando con nuestra conducta religiosa, moral y social. Pero, apenas había pasado una década desde el final del Concilio, conflictos internos de la Iglesia centraron la atención, y el aviso de lo plasmado en los documentos conciliares quedó soslayado.

En la década de los 80 la Conferencia Episcopal Española fue sensible al cambio que pedía el Concilio. Pero pronto se apagó la mecha encendida. Por otro lado, parece que la secularización y el laicismo avanzan en la sociedad, mientras que la Iglesia pierde presencia social. A la hora de buscar nueva presencia pública, en muchos cristianos siguen vigentes imágenes y representaciones de la divinidad que no responden al Evangelio y no favorecen el cambio necesario.

Por otro lado, a mediados del s. XX, obispos y teólogos provenientes de los países más empobrecidos fueron sensibles el justo clamor de los pobres por su liberación. Desde el Evangelio interpretaron ese clamor como voz de Dios. No vale seguir hablando de una divinidad impasible y alejada en los cielos.

En estas pinceladas muy generales sobre la situación social y eclesial, queda un interrogante de fondo: ¿qué estamos diciendo cuando decimos Dios? ¿anunciamos una divinidad rival de los seres humanos que quieren ser ellos mismos, e insensible al clamor de los pobres? ¿o proclamamos el Evangelio Dios revelado en Jesucristo, que suscita y promueve el desarrollo integral de la humanidad y habla en los pobres?

Eclipse y olvido en la sociedad

La fe o experiencia religiosa, incluida la cristiana, no es separable de la experiencia humana que tiene lugar dentro de una cultura, o forma de interpretar y de organizar la vida con sus patrones, jerarquía de valores, costumbres e instituciones. ¿Qué significa la palabra "Dios" dentro de nuestra situación cultural?

En la sociedad española sigue habiendo muchos cristianos creyentes honrados que viven la fe o experiencia de Dios revelado en Jesucristo y alimentan esa fe con prácticas religiosas. Pero ahora conviene destacar el eclipse de Dios en la sociedad española que está dejando atrás una situación de oficialidad católica.

Aparentemente, el mejor título para reflejar lo que hoy está ocurriendo en nuestra sociedad secularizada o laica sería "Eclipse y olvido de Dios". No son dos palabras equivalentes. Eclipse sugiere un oscurecimiento pasajero, mientras olvido evoca una actitud subjetiva muy similar a desentendimiento.

El eclipse de Dios como ausencia en el funcionamiento de la sociedad secular es cada vez más notorio. Esa palabra nada dice a muchos que no encuentran sentido a la vida. También es manifiesto el olvido de Dios como indiferencia o apatía de muchos instalados en la superficialidad, aparcando los interrogantes de fondo.

El Dios del teísmo ha muerto. Durante mucho tiempo en sociedades como la española, Dios y la religión fueron referencia para superar las dificultades y seguir adelante a pesar de las muchas piedras del camino. Pero las personas y los pueblos van llegando a su mayoría de edad. Y algunas corrientes humanistas que tienen como objetivo que las personas sean fin y no medio, creen necesario descartar de su proyecto la presencia de Dios y de la religión, en nuestro caso la religión cristiana.

El silencio de Dios ante los males y sufrimientos de la humanidad siempre ha sido una dificultad para creer en su existencia. Pero hay otro factor determinante: la centralidad del individuo y de la subjetividad en la época moderna. Tomás de Aquino en el s. XIII dio un giro al cosmocentrismo de la filosofía griega, y puso como centro del cosmos y a la persona humana como medida de todas las cosas. Pero el lugar destacado de la persona en el mundo se justifica por ser imagen del Creador. El antropocentrismo, clave para una visión humanista, se fundamenta en el teocentrismo.

Esta visión novedosa del maestro medieval tuvo su versión en humanistas del s. XV –Pico della Mirandola– y del s. XVI: Francisco de Vitoria, Erasmo de Rotterdam y Martín Lutero. Pero en el s. XVIII el filósofo I. Kant negó la posibilidad de justificar racionalmente la existencia de Dios. Y en sintonía con la filosofía kantiana, G.F.W. Hegel en 1802 constató: "El sentimiento sobre el que reposa la época moderna es el sentimiento de que Dios ha muerto". A la izquierda hegeliana pertenecen los llamados "filósofos de la sospecha" –L. Feuerbach, F. Nietzsche, K. Marx, S. Freud– quienes para defender el protagonismo del ser humano creyeron necesario eliminar a Dios y a la religión. "Dios ha muerto, y nosotros lo hemos matado" (Nietzsche 1882).

En ese horizonte se inscribieron el positivismo de A. Comte; solo es válido el conocimiento científico en el que no entra Dios. Su existencia es solo una hipótesis inútil (P.-S. Laplace). Y la misma existencia de Dios se considera perjudicial para el desarrollo de las personas. Con ese prejuicio escribe J. P. Sartre: "El existencialismo no es un ateísmo en el sentido de que quedaría agotado con demostrar que Dios no existe. Aunque Dios existiera, esto no cambiaría nada. No es que creamos que Dios existe, sino que pensamos que el problema no es de su existencia. Es necesario que el hombre se encuentre a sí mismo y se convenza de que nada puede salvarle de él mismo ni siquiera una prueba válida de la existencia de Dios".

Increencia e indiferentismo. En la obra de Nietzsche, el loco que proclama en la plaza pública la muerte de Dios, constata la irrisión de muchos, y comenta: "Vengo demasiado pronto, todavía no ha llegado mi tiempo". Pero la muerte de Dios ha ido calando en la cultura moderna de los últimos siglos.

Así lo constató el Concilio: "Muchedumbres cada vez más numerosas se alejan prácticamente de la religión. La negación de Dios o de la religión no constituye, como en épocas pasadas, un hecho insólito e individual; hoy día, en efecto, se presenta no rara vez como exigencia del progreso científico y de un cierto humanismo nuevo. En muchas regiones esa negación se encuentra expresada no sólo en niveles filosóficos, sino que inspira ampliamente la literatura, el arte, la interpretación de las ciencias humanas y de la historia y la misma legislación". (G.S. 7)

En la sociedad española, la muerte de Dios proclamada por los filósofos en el s. XIX se ha concretado en distintas versiones. En el mundo del trabajo ha calado la visión de Marx: Dios y la religión son opio para silenciar los justos reclamos del proletariado. En ambientes universitarios ha tenido más eco la crítica de Nietzsche y de Freud: Dios y la religión matan la autonomía de las personas. De ahí el alejamiento, las reservas e incluso la crítica negativa de muchos contra la visión de Dios que han percibido en la religión cristiana.

Así son cada vez más notorias el increencia y la indiferencia respecto a Dios y a la Iglesia. Parece que incluso hay quienes ni siquiera se plantean la cuestión de la existencia de Dios porque, al parecer, "no experimentan inquietud religiosa alguna y no sienten motivo alguno para preocuparse por el hecho religioso".

A veces se resume todo con la palabra secularización. Pero hay que precisar. Si por la secularización entendemos que la sociedad reclama su legítima autonomía sin la tutela de la religión, el fenómeno es normal y positivo. El ser humano considera que ha llegado a la mayoría de edad; no acepta una divinidad ni una religión que le impidan ser él mismo y decidir por su cuenta.

En 1965 Harvey Cox en "La ciudad Secular", se refirió al fenómeno de la secularización como proceso legítimo que se inicia en las primeras páginas de la Biblia –"haceos cargo de la tierra"– y como oportunidad para avivar la fe o experiencia cristiana de Dios encarnado. Desde esa experiencia, el ser humano que toma conciencia de su libertad y autonomía, y tiene la posibilidad de abrirse libre y confiadamente al Creador, cuya presencia le sostiene y, desde dentro, le impulsa.

El problema llega cuando, las personas olvidan la dimensión trascendente que las constituye en esa liberación de la tutela religiosa; y en la sociedad se impone la pretensión del superhombre que se cree y actúa como poder absoluto.

Ya en 1965, Herbert Marcuse en *El hombre unidimensional. Ensayo sobre la ideología de la sociedad industrial avanzada,* denunció que la secularización no estaba gestando un crecimiento en la humanidad. Las personas acaban siendo sujetos con "encefalograma plano" en que la actitud y la capacidad de pensamiento crítico y de oposición se desvanecen. Instalación en la superficialidad que ha ido cundiendo en las últimas décadas como una "ceguera blanca" descrita muy bien por J. Saramago en la breve y significativa novela *Ensayo sobre la ceguera,* de 1995.

En esa cultura de superficialidad o "ceguera blanca", se comprenden mejor la increencia e indiferencia religiosa en la actual situación española. No es una increencia militante. Más bien parece desentendimiento de Dios y de la religión cristiana como algo que ya no interesa.

1. A vueltas con Dios

Hay personas relativamente jóvenes con cierta formación académica y sensatas, provenientes de familias cristianas y hoy al margen de la práctica religiosa. Hablando con ellas cabe plantear el tema del sentido en la vida: pero en el diálogo quieren aparcar a Dios y a la religión. En la mayoría de los casos esas personas se quedan en los pequeños sentidos o trascendencias que salen al camino cada día, y nadan en la superficialidad que predomina en la cultura más generalizada.

Significado de la postmodernidad. En el mundo moderno la humanidad ha rechazado dioses y religiones que la impiden ser ella misma. Ha dejado el cielo para centrarse solo en la tierra. Pero estamos viendo que ahora no sabe bien hacia dónde mirar, porque la tierra con frecuencia parece un infierno. ¿Será verdad que sin una referencia común trascendente los seres humanos pretendemos ser absolutos y si podemos eliminamos al que se oponga e impida esa pretensión?

En 1885 Nietzsche fue sensible a los peligros de la nueva cultura moderna, donde los seres humanos llegan a su mayoría de edad y despachan la presencia de una divinidad que no les deja ser ellos mismos. La muerte de Dios no facilita sin más una sociedad humanista. El mismo loco que proclama en la plaza pública esa muerte, se pregunta: "¿Qué hicimos cuando desencadenamos la tierra de su sol? ¿Hacia dónde se mueve ahora? ¿Hacia dónde nos movemos nosotros? ¿Lejos de todos los soles? ¿No nos estamos hundiendo continuamente? ¿Hacia atrás, hacia los lados, hacia adelante, en todas las direcciones? ¿Hay todavía una arriba o un abajo? ¿No vamos como errantes a través de una nada infinita? ¿No nos persigue el vacío con su aliento?".

Se desvanece el sueño del superhombre. Nietzsche pensaba que, con la muerte de una divinidad opresora y falsa, el ser humano podría crecer hasta llegar al "superhombre". Pero en los dos últimos siglos ya hemos visto las nefastas consecuencias de ese invento mesiánico: en la crueldad del nazismo, en la dictadura marxista, en el salvaje neoliberalismo y en el imperialismo con distintas versiones cuya punta del iceberg son las interminables guerras fratricidas. El relato bíblico sobre la caída de Adán y Eva en su pretensión de ser absolutos escondiéndose a la presencia del Creador, es paradigma de lo que se repite una y otra vez en la historia, y que de modo manifiesto ha tenido en el proceso de la modernidad.

Por otro lado, estamos viendo que los humanos podemos alcanzar el progreso sin necesidad de acudir a Dios ni a la religión. Pero también lamentamos que ese progreso sin esa referencia finalmente acaba volviéndose contra nosotros, amenazados por nuestros propios inventos.

Es indudable que, gracias en buena parte a los medios de comunicación, hoy tenemos conciencia de que el mundo es como una aldea global donde todos vivimos dependientes de los otros, somos la familia humana. Pero en el funcionamiento de nuestra economía y de las políticas, el bienestar y el poder es patrimonio de pocos, mientras muchos sufren la exclusión y la miseria. Nuestro desarrollo no es integralmente humano: de toda la persona y de todas las personas.

Finalmente, las promesas de la modernidad –libertad, igualdad y fraternidad– proclamadas en la Ilustración, son ilusorias. Es la crítica lanzada por los postmodernos.

1. A vueltas con Dios

No aminoremos sus sombras. Con el exagerado relieve de la subjetividad y del pensamiento débil, los postmodernos corren peligro de caer en el relativismo individualista, olvidando la verdad objetiva de la pobreza escandalosa, causada por injusticia y evadiéndose de su responsabilidad para superar esa situación. La salida frecuente al experimentar la caída de las promesas utópicas de la modernidad, puede ser el vacío y el sinsentido de la vida.

Pero veamos sus aspectos positivos. Por un lado, la postmodernidad tira por tierra las ilusorias promesas de la modernidad que dejó de lado a Dios y a la religión. Por otro lado, si bien los postmodernos abstraen de una trascendencia más allá de la muerte, viven pequeñas trascendencias en el transcurso de cada día; así recuperan la felicidad que parcialmente ya gustamos en nuestra existencia, y cuyo valor a veces se negó en aras de una felicidad eterna después de la muerte.

Además, el pensamiento "débil" de que hablan los filósofos postmodernos, corrige la tentación de una metafísica que pretende no solo demostrar la existencia de Dios, sino también definir el contenido de esa palabra.

En este panorama, los humanos andamos perdidos, sin una referencia firme para mirarnos a nosotros mismos y mirar a los demás. En desazón y desanimados. Evidencia de ello son el aumento de los suicidios y de la incidencia de trastornos psíquicos de todo tipo. Nos cercan la inconformidad, el sinsentido de nuestra existencia y la desesperanza.

Latidos de trascendencia. El olvido de Dios y la indiferencia religiosa en nuestra sociedad, así como la confusión sobre el tema existente dentro de la Iglesia, pueden ser un signo de oportunidad para revisar imágenes de la divinidad que nos hemos fabricado también los cristianos, que no responden al Evangelio y que hoy no son de recibo.

En el mundo actual "se afianza la convicción de que el género humano puede y debe no solo tener dominio sobre las cosas creadas, sino que le corresponde además establecer un orden político, económico y social". Queda descartada una imagen de la divinidad que desde el cielo maneja todos los hilos de la historia humana e interviene de cuando en cuando milagrosamente para cambiar la trama.

Por otro lado, "la orientación del hombre hacia el bien solo se logra con el uso de la libertad, un valor que nuestros contemporáneos ensalzan con entusiasmo". Cae por tierra una divinidad que desde arriba y desde fuera impone sin más unos mandamientos que, según la percepción de muchos, no promueven, sino que reprimen la libertad humana.

La conciencia es el sagrario donde la persona se encuentra y escucha una Palabra que no se da a sí misma. Desde la visión cristiana bien podemos decir que es presencia de Dios muchas veces ignorada. Nadie debe ir nunca en contra del dictamen de su propia conciencia. Luego no vale ya, en nombre de Dios, ignorar, reprimir o suplir la conciencia de la propia persona.

En la cultura de hoy, se da prioridad al bienestar, el placer y la diversión. Es fácil denunciar los abusos. Pero hay, en el fondo, un reclamo de felicidad. Por otro lado, no es infrecuente incluso entre los mismos cristianos cierto reparo, en nombre de la divinidad, a todo lo que signifique momentos de placer y gozo. ¿Puede ser aceptable hoy esa divinidad que justifique la represión ante los retazos de felicidad que nos ofrece la vida?

Finalmente, hoy, el justo clamor de las víctimas es cada vez más extenso e imparable. ¿Quién les hará justicia? No tiene sentido creer y hablar de una divinidad sorda y ausente a este clamor, que satisface su honor con prácticas religiosas y con sacrificios rituales, sin actitud compasiva y comprometida por rectificar lo torcido.

Pero los humanos llevamos dentro una semilla de eternidad que, por mucho que la ignoremos, una y otra vez despunta en brotes de trascendencia que rebasan nuestros esquemas, y pueden ser ventanas abiertas al misterio que nos envuelve. Lo sugirió bien el sociólogo Peter Berger cuando en 1969, y en proceso de secularización, escribió un ensayo con título bien significativo: *Rumor de Ángeles*.

Es verdad que en la sociedad española va cundiendo la indiferencia religiosa y el olvido de Dios cuya referencia por mucho tiempo fue la religión cristiana. Unos, cegados por la codicia insaciable, no quieren saber nada de esa orfandad que supone la muerte de Dios. Otros, por la necesidad de sobrevivir, no tienen tiempo para plantearse cuestiones de fondo. La ceguera blanca o instalación en la superficialidad es una tónica muy común fomentada por la ideología y la jerarquía de valores con lo que funciona la cultura más generalizada.

Por otro lado, entre los humanos cunde la sensación de que la vida en la tierra no saciará plenamente sus deseos;

y no faltan quienes piensan que la existencia carece de significación propia. Son también muchos los que dejan de lado a Dios y la religión, pero más o menos explícitamente buscan sentido para su vida y se preguntan: ¿qué valor permanente tienen los empeños y logros en nuestro progreso? ¿es posible dar respuesta en este mundo al deseo de felicidad sin límites que puja en nuestro corazón inquieto? ¿todo termina con la muerte? La insatisfacción radical que nos constituye ya puede ser un signo positivo de nuestro tiempo.

En el mundo actual despuntan muchos brotes de trascendencia que pueden ser indicativos hacia ese misterio que llamamos Dios.

Cada vez es más amplia y persistente la voz de las víctimas defendiendo su dignidad y sus derechos como personas. A pesar de que los ruidos de la sociedad alienan y entontecen, la compasión y la solidaridad no quedan opacadas. Lo estamos viendo cuando acaece una catástrofe natural en una región o en un país y espontáneamente surgen voluntarios que ofrecen gratuitamente su ayuda.

Logros en el dominio de la naturaleza eliminan la creencia en una divinidad tapagujeros. Dado el deslumbrante progreso técnico, en algún tiempo se pensó que los científicos llegarían a explicar el origen de la vida. Pero hoy ha caído la confianza en esa posibilidad. De alguna manera, ese reconocimiento de nuestra limitación abre de nuevo el interrogante: ¿dónde está la roca firme o fundamento que a todo da consistencia? ¿dónde está la fuente de la que manan tanta creatividad y tanto progreso?

La marca de trascendencia parece también impresa en la experiencia del amor, sin duda la más gratificante para las personas humanas. El neurólogo y psiquiatra V. Frankl cuenta que, en el campo de concentración, cuando en apariencia ya no queda ningún asidero, perdura como tabla de salvación recordar el amor a la mujer, a la madre, incluso en el abismo de la desesperación.

El amor implica un dinamismo de auto-trascendencia. Amar a una persona significa desear que viva siempre, que nunca muera. Pero vemos que el verdadero amor fácilmente sucumbe bajo nuestro egocentrismo. Y en el mejor de los casos, la felicidad que aporta perece con la muerte. ¿No habrá otra salida? El silencio en que nos deja la muerte de personas queridas ¿no está pidiendo una eternidad cuyo reclamo ya está impreso en la intención del amor?

Otro indicio de trascendencia en nuestro mundo es el relieve de lo estético. La belleza que percibimos en una insignificante flor que suavemente se abre, o una puesta de sol que se despide, impresionan gratamente a nuestra sensibilidad y de algún modo nos sacan de nuestros moldes intelectuales. El arte con sus distintas manifestaciones, es como epifanía de una realidad que gustamos pero que nos trasciende. Sinfonías de música, pinturas o esculturas, películas... sugieren otra dimensión que no podemos definir pero que responde a un anhelo de más humanidad que todos llevamos dentro.

Finalmente, trascendencia en el terreno de la ética. El consenso entre personas intuye unos valores comunes que van más allá de las preocupaciones individuales. Buen ejemplo de ética civil es la *Declaración Universal de los Derechos humanos* de 1948.

Esos y otros indicios de trascendencia que brotan en nuestro tiempo, de algún modo manifiestan una humanidad que, impulsada desde dentro, una y otra vez se levanta de sus propias cenizas para emprender el camino hacia una perfección deseada. Pero ¿pero no serán rumores de esa Presencia de Dios en el corazón de la humanidad?

Confusión dentro la Iglesia

Hace años en una Vicaría de Madrid, animada por el obispo profeta Alberto Iniesta, un fenómeno llamaba la atención. Cristianos que se organizaban y participaban en manifestaciones con otros en favor de los pobres no participaban en las celebraciones litúrgicas; mientras, otros asiduos a esas celebraciones miraban con reservas dichas manifestaciones. Recordaban la tensión entre Dios de la justicia y Dios del culto que ya vemos en los profetas bíblicos.

Un signo de salud en la Iglesia todavía en camino, es el conflicto no solo a la hora de relacionarse con el mundo, sino también dentro de su propio seno. Mientras unos destacan el lado negativo del mundo, otros destacan los signos de los tiempos como llamadas del Espíritu. Mientras unos dan prioridad a la lucha contra el mundo, puede que otros vean como único camino el diálogo y el discernimiento de lo que está sucediendo. Hay cristianos obsesionados por ganar el cielo con sus propios méritos. Otros parten de que son incondicionalmente amados y trabajan siempre sostenidos por la confianza. Estas distintas miradas y prácticas de algún modo responden a distintas percepciones de la divinidad.

1. A vueltas con Dios

Da la impresión de que, para combatir el ateísmo, los cristianos frecuentemente se unen a los teístas dejando en la sombra la novedad de la encarnación sobre Dios. Es significativa la observación del Vaticano II: "En esta génesis del ateísmo pueden tener parte no pequeña los propios creyentes, en cuanto que, con el descuido de la educación religiosa, o con la exposición inadecuada de la doctrina, o incluso con los defectos de su vida religiosa, moral y social, han velado más bien que revelado el genuino rostro de Dios y de la religión". (G.S. 19)

Cuando los mismos cristianos reducimos nuestra fe a cumplimientos religiosos, despreocupándonos de nuestra responsabilidad en la construcción de una sociedad más fraterna. Cuando vivimos atemorizados por una divinidad amenazante. Cuando nos creemos los buenos porque practicamos la religión, y tachamos a los demás de impuros. Cuando medimos la verdad de nuestro cristianismo solo por los sacrificios y mortificaciones. Cuando vivimos con cara de cuaresma pensando solo en el juicio final que nos espera ¿de qué Dios estamos hablando? Con sensibilidad evangélica y pensando en ayudar a muchos cristianos, José Mª Mardones nos regaló una excelente publicación con el título "Matar a nuestros dioses. Un Dios para un creyente adulto", 2007.

2. A Dios nadie le ha visto

En ese misterio del mundo todos nos encontramos y caben distintas experiencias e hipótesis, pero desborda todos nuestros razonamientos e imágenes. Con argumentos de la sola razón no podemos afirmar ni negar su existencia. Solo si se revela, podemos afirmar que existe.

Siempre mayor

La historia bíblica se inicia con un aviso: "la tierra que pisas es santa, quítate las sandalias". El nombre, la realidad de Dios, no es abarcable para el ser humano. Moisés cubre su rostro "porque teme ver a Dios". Por eso en la revelación bíblica hay reparos a pronunciar el nombre de Dios, y al mismo tiempo se multiplican las imágenes o símbolos en las distintas situaciones, porque su realidad es siempre mayor. Para encontrarnos con Dios es necesario quitarnos las sandalias de los pies y relativizar las imágenes que nosotros inventamos.

Jesús de Nazaret vive y manifiesta una intimidad singular con el "Abba". Le confiesa como "señor del cielo y de la tierra; todo le es posible". Experimenta que Dios es alguien en quien siempre se puede confiar. Sus parábolas evocan la presencia de lo divino en lo humano, pero nunca definen ni agotan esa Presencia. No quiso hablar como teólogo, conceptual y abstracto, del ser de Dios; habló metafóricamente sin cesar, tendiéndole puentes de referencia. Con su estilo de vida fue la gran parábola donde se evocaba el misterio de Dios, siempre mayor en su relación de cercanía entrañable con el ser humano.

Así lo percibieron sus primeros discípulos que, experimentando la cercanía del Inefable, confiesan la trascendencia.

Antes de los evangelios, San Pablo dice que "Dios habita en luz inaccesible; a quien ninguno de los hombres ha visto ni puede ver". Años después, la comunidad cristiana donde escribe San Juan vive a misma fe: "a Dios nadie le ha visto". San Agustín escribió: "Estás pensando qué y cómo será Dios; todo lo que imaginas, no es; todo lo que capte el pensamiento, no es". Y siglos más tarde Tomás de Aquino ratificó esa experiencia: todos los nombres que damos a Dios no son indiferentes, pero sí deficientes Todo lo que digamos sobre ese misterio inabarcable, son dichos de un ser humano limitado. San Juan de la Cruz termina su singular *Llama de amor viva:* "De la cual aspiración, llena de bien y de gloria y delicado amor de Dios para el alma, yo no querría hablar; ni aún quiero porque veo claro que no lo tengo de saber decir".

En distintas situaciones y con distintas perspectivas la vida de un creyente implica vivir dándole vueltas a Dios, misterio siempre inabarcable, aunque podamos gustar su presencia de amor. Ello da pie para algunas sugerencias:

Los humanos necesitamos expresiones y prácticas para mostrar nuestra fe o experiencia de Dios. Pero sin olvidar lo que ya en el 1215 declaró el Concilio IV de Letrán: "No puede afirmarse tanta semejanza entre el Creador y la criatura, sin que haya de afirmarse mayor desemejanza".

En consecuencia, todas nuestras afirmaciones sobre Dios misterio del mundo, deben ser humildes y provisionales. Las prácticas religiosas tienen valor como profesiones públicas de la fe y ayuda para intensificarla. Y la misma experiencia mística de Dios está mediada por imágenes y representaciones limitadas de un tiempo y de una cultura.

Tomás de Aquino dice que la teología es ciencia: discurso racional que procede de principios conocidos por la fe. Pero no es una ciencia directamente sobre Dios, cuya realidad sobrepasa todo razonamiento y no cabe en ninguna Facultad de Teología. Es ciencia de Dios en cuanto principio, fundamento y fin de todas las criaturas. La reflexión teológica es una búsqueda del sentido que pueden tener todas las realidades creadas desde Dios conocido y experimentado en la fe o apertura incondicional a un misterio cuya luz percibida en el mundo mantiene nuestro espíritu en actitud de búsqueda. Me gusta practicar la vocación teológica como hermenéutica o discernimiento de Dios en las personas y acontecimientos. Tal como lo vamos percibiendo en los signos del tiempo y en los progresos de la ciencia. La reflexión teológica solo es saludable si respira y mantiene viva la sed de Dios.

Es normal que para referirnos a ese misterio que llamamos Dios, nos sirvamos de palabras e imágenes ligadas a un tiempo y a una cultura. Pero esas imágenes solo apuntan a una realidad siempre mayor. Cuando cambian el tiempo y la cultura, es insensato e inútil aferrarnos a unas imágenes y lenguaje que pudieron ser válidos en el pasado, pero han perdido actualidad.

Buscando seguridad, nos imaginamos a Dios todopoderoso que está con los buenos para derrotar a los malos. Como juez insobornable que al final nos aguarda para ajustar cuentas. Como el ser supremo más allá del mundo que interviene arbitrariamente cuando le parece. Estas y otras parecidas son imágenes creadas por nosotros. Si con ellas pretendemos encasillar a la divinidad como un objeto más de nuestro conocimiento humano, fácilmente fabricamos un ídolo que prostituye a nuestra práctica religiosa, y fomentan un culto para encubrir falsos absolutos: dinero, poder, prestigio social. Tentación sutil para los mismos bautizados en sociedades de bienestar económico. Podemos ser teístas e idólatras.

Cuando nos encontramos e intentamos relacionarnos con una persona humana u otra realidad creada, en seguida las catalogamos dentro de nuestros conceptos. Es una forma de adueñarnos de las personas y de las cosas. Pero el encuentro y la relación con el Inefable y siempre mayor, se hace por otro camino; exige "descentramiento" de nuestro ego, apertura confiada. Salida de nuestras falsas seguridades y entrega libre a esa Presencia que nos precede, nos sostiene y nos trasciende.

Palabra "toda envuelta en el silencio"

Así experimentaron a Dios los verdaderos creyentes o místicos. El mismo Jesucristo, primogénito de los creyentes que vivió en intimidad única con el "Abba", tuvo que soportar la oscuridad del camino. Puede apuntar por ahí el dicho de Jesús que trae Jn 14,28: "El Padre es mayor que yo". Los místicos viven la experiencia de estar inmersos en una Presencia sin la posibilidad de formularla. Evocando la teología apofática –solo se puede hablar de Dios diciendo lo que no es– en el siglo XV Nicolás de Cusa se refiere al conocimiento de Dios en su obra con el significativo título "De docta ignorantia".

La existencia del mal en el mundo. Viendo que las víctimas cada día se multiplican y violencia no acaba, una pregunta parece ineludible: ¿Dónde está ese Dios todopoderoso y bueno? Conozco explicaciones de teólogos para exculpar a Dios, pero siempre me queda el interrogante. Nada tiene de extraño que, ante tanto mal que como losa de muerte no cesa, muchos nieguen la existencia de una divinidad buena y todopoderosa. Más que buscar argumentos para exculpar a Dios ante la existencia de tanto mal injustificado, esa Presencia de amor a la que invoco sigue siendo un misterio, una realidad inabarcable y cuya experiencia recomienda silencio.

Cabe pensar que a ese misterio inabarcable apunta el sentimiento religioso. Y que todas las religiones son concreción de ese sentimiento. Todas ellas se unirían en su evocación del Absoluto, interpretado en unas como personal y en otras como trascendencia indefinible. El hombre religioso de verdad entra en contacto con ese misterio de Dios a través de la configuración que le da una cultura, una tradición y un tiempo.

Pero precisamente porque es un misterio que desborda todas nuestras categorías, el verdadero religioso debe reconocer el valor de otras religiones distintas de la suya. Sentado este principio elemental, los cristianos tenemos a Jesucristo como referencia y criterio para discernir al Absoluto. Es la singularidad de la religión cristiana.

3. En condición humana

Es la novedad de la fe cristiana sobre la encarnación. No es que la divinidad haya bajado de los cielos y se haya revestido con la piel de la humanidad para transitar por nuestra tierra. La encarnación significa que Dios, Presencia de amor, está dentro de la condición humana fundamentando, corriendo su suerte y perfeccionando a la humanidad. Esa unión que ha tenido lugar de modo definitivo en Jesucristo, sigue teniendo lugar en la vida de todos los seres humanos con todas las realidades entre las que vive.

La gloria en la carne

En el 2016 Peter Berger publicó "Los numerosos altares de la modernidad" donde señala que el desafío actual ya no es la secularización como hace años pensaba este sociólogo, sino el pluralismo religioso. En consecuencia, es hora de clarificar y ofrecer la singularidad de la religión cristiana en el discernimiento de Dios.

En la segunda mitad del s. XX hubo algunos teólogos radicales estadounidenses que integraron en su discurso la muerte de Dios proclamada por los filósofos de la sospecha. No se equivocaron; el teísmo entendido como existencia de una divinidad alejada del mundo y arbitraria en sus intervenciones, culturalmente ha muerto. Pero no dieron un paso adelante destacando la novedad sobre Dios revelada en la encarnación.

Como entrada valgan algunas confesiones de esta fe o experiencia cristiana: "Hemos visto la gloria de Dios en la carne" (evangelio de san Juan); "Mi fe, Señor, os invoca: la fe, digo, que Vos me habéis dado e inspirado por la humanidad de vuestro santísimo Hijo (San Agustín); "Quita la encarnación y desaparece la religión cristiana" (Tomás de Aquino); "En darnos como nos dio a su Hijo, que es una Palabra suya, que no tiene otra, todo nos lo habló junto y de una vez en esa sola Palabra y no tiene más que hablar" (Juan de la Cruz) y "No procurar con todas nuestras fuerzas traer delante siempre... esta Sacratísima Humanidad, esto digo que no me parece bien y que es andar el alma en el aire, como dicen" (Santa Teresa).

1. Cuando decimos "Palabra de Dios", espontáneamente se suele mirar al cielo. Pero es significativa la obra de teatro sobre Galileo escrita por Bertolt Brecht, 1947. Ante la nueva cosmovisión, una persona religiosa tradicional pregunta: "si el cielo no existe ¿dónde está Dios?". Y el científico responde: "dentro de nosotros, o en ningún sitio." Queda eliminada una divinidad alejada en las alturas, dejando paso a la posibilidad de un Dios en profundidad, dentro del mismo ser humano con todas las realidades entre las que vive.

Y aquí está la novedad de la encarnación: la gloria de Dios "en la carne", en la condición humana. Lo divino y lo humano inseparablemente unidos. No como dos pisos superpuestos o dos bloques pegados. La humanidad está inmersa y fundamentada en la divinidad, y la divinidad se revela humanizada.

La comunidad cristiana una y otra vez confesó esa novedad inaudita: Ni Dios a costa de aminorar la integridad humana de Jesucristo, ni mermar la integridad del ser humano para salvaguardar la condición de la divinidad. Se deja claro que la integridad y perfección de la humanidad se logran por su inmersión en la divinidad, y quedan fuera de juego las imágenes que, desde nuestras carencias y a nuestra medida, fabricamos sobre la divinidad alejada y rival de los humanos.

No podemos encontrarnos con Dios revelado en Jesucristo silenciando lo humano, ni es posible la verdadera humanización sin la presencia de lo divino. No puede ser divina cualquier instancia o práctica religiosa que impida el desarrollo de la humanidad; una oración de la Biblia invoca a Dios que hace humanos a los justos; una persona que no respira sentimientos humanos de compasión y solidaridad no vive la fe o experiencia cristiana de Dios. Ni puede haber un desarrollo integral humano descartando la dimensión trascendente que, según la fe cristiana, es la presencia del Inefable.

En la conducta de Jesús, según percibimos en los relatos evangélicos, Dios siempre mayor, fue experimentado como "Abba", Presencia de amor que se está dando. Alguien en quien se puede confiar siempre. Una experiencia de entrega de lo divino en lo humano que Jesús intentó manifestar en parábolas. Sobre todo, las parábolas de la misericordia, que rompen todos nuestros esquemas y despiertan el germen divino de compasión que todos llevamos dentro.

Y también según los evangelios, Jesús tuvo conciencia de vivir y actuar en esa Presencia de amor: "yo y el Padre somos uno" "hago las obras del Padre". Mi alimento, lo que me sostiene y agrada, es "hacer la voluntad del Padre".

3. En condición humana

Dios como presencia de amor que continuamente se está dando; y humanidad que libre y totalmente se abre a esa Presencia, siendo testigo creíble de la misma en su relación con los demás. Es lo que incluye la confesión cristiana. No se trata de dos realidades cerradas en sí mismas y estáticas, sino dinámicas y mutuamente abiertas. Dios percibido como presencia de amor continuamente se da en lo más íntimo de la humanidad, que se perfecciona abriéndose libremente a esa Presencia.

Como aproximación a esa fe o experiencia indefinible, la Iglesia de los primeros siglos, ya con lenguaje de la filosofía griega, confesó que Jesucristo es verdadero Dios y hombre verdadero. Es la misma fe o experiencia que, con lenguaje actual, confiesa el Vaticano II: "En realidad, el misterio del hombre sólo se esclarece en el misterio del Verbo encarnado. Porque Adán, el primer hombre, era figura del que había de venir, es decir, Cristo nuestro Señor. Cristo, el nuevo Adán, en la misma revelación del misterio del Padre y de su amor, manifiesta plenamente el hombre al propio hombre y le descubre la sublimidad de su vocación"., (GS,22)

2. La trascendencia es una dimensión esencial a la condición humana. La intención de eternidad que puja en el amor humano, el deseo insaciable de más que no calman las metas logradas. La experiencia de un más indefinible que suscitan la música, la poesía o una obra de arte nos trasladan a ese ámbito de trascendencia tan real como indefinible.

En la encarnación se unen inmanencia y trascendencia. La humanidad llega a ser ella misma impulsada por la semilla de trascendencia que radicalmente nos constituye.

Los místicos hablan de huella, chispa, deseo de la divinidad ya impresos en la misma condición humana. Quizás apunte por ahí la experiencia que celebra san Juan de la Cruz: "Que, estando la voluntad de divinidad tocada, no puede quedar pagada [sino con divinidad".

En esta perspectiva es posible leer e interpretar los ensayos de algunos pensadores modernos que buscan articular inmanencia o subjetividad humana y trascendencia o dimensión de un más inscrito en ella.

Recordemos la teoría de Hegel sobre el Espíritu absoluto alienado en la evolución de la historia. La apologética de la inmanencia de Blondel en cuya línea se situó H. de Lubac con sus agudas reflexiones sobre la relación natural-sobrenatural. La fenomenología de Husserl y Heidegger. Y por último, la filosofía existencial y personalista de K. Jaspers o G. Marcel.

El original pensador español X. Zubiri, con la categoría "religación" se refirió a ese misterio de trascendencia que llamamos Dios como "el fundamento" de todas las realidades creadas, "esencialmente respectivo a las cosas". Es descubierto como problema en nuestro ser mismo, en nuestra constitutiva religación. Radicalmente inserto en la existencia y, en definitiva, en la realidad; un *necessarium* del ser humano en cuanto tal.

Merecen especial atención filósofos de origen judío como Max Horkheimer, Martin Buber, Walter Benjamin, Erich Fromm y Emmanuel Lévinas. Respiran la tradición bíblica, son decididamente humanistas y aportan valiosas pistas para unir inmanencia y trascendencia.

Entre la revelación bíblica y la fe o experiencia cristiana no hay contradicción, sino cierta continuidad: el Dios revelado en la tradición bíblica no es una divinidad alejada del pueblo sino Alguien que, de algún modo está presente y activo en todas las personas y en todos los acontecimientos; tan es así que a veces parece que las causas segundas solo actúan como expresión de esa Presencia. En esta perspectiva, bien podemos concluir que la encarnación que confesamos los cristianos plenifica la tradición bíblica que de alguna manera está inspirando a estos lúcidos pensadores de origen judío.

Encarnación en la historia

Al inaugurar Concilio, Juan XXIII destacó la necesidad de una mirada evangélica sobre este mundo:

"En el cotidiano ejercicio de Nuestro ministerio pastoral llegan, a veces, a nuestros oídos, hiriéndolos, ciertas insinuaciones de algunas personas que, aun en su celo ardiente, carecen del sentido de la discreción y de la medida. Ellas no ven en los tiempos modernos sino prevaricación y ruina; van diciendo que nuestra época, comparada con las pasadas, ha ido empeorando; y se comportan como si nada hubieran aprendido de la historia, que sigue siendo maestra de la vida (…).

Nos parece justo disentir de tales profetas de calamidades, avezados a anunciar siempre infaustos acontecimientos, como si el fin de los tiempos estuviese inminente. En el presente momento histórico, la Providencia nos está llevando a un nuevo orden de relaciones humanas que, por obra misma de los hombres, pero más aún por encima de sus mismas intenciones, se encaminan al cumplimiento de planes superiores e inesperados; pues todo, aun las humanas adversidades, aquélla lo dispone para mayor bien de la Iglesia".

En el fondo, y como inspiración de esta mirada sobre el mundo, está la fe o experiencia en la continuidad de la encarnación que el mismo Concilio, ya en la cumbre de su andadura, formuló así: "En Jesucristo la naturaleza humana asumida, no absorbida, ha sido elevada también en nosotros a dignidad sin igual. El Hijo de Dios con su encarnación se ha unido, en cierto modo, con todo hombre".

1. La declaración conciliar resultó familiar a quienes habíamos leído escritos del memorable maestro M.-D. Chenu donde habla de la creación y de la encarnación continuadas. Después del Concilio tuvimos la suerte de conocer más de cerca y escuchar detenidamente a este singular teólogo dominico que nos afianzó en esa visión tan cristiana y tan fecunda que una y otra vez sugieren himnos litúrgicos:

"Quien diga que Dios ha muerto
que salga a la luz y vea
si el mundo es o no tarea
de un Dios que sigue despierto.

Ya no es su sitio el desierto,
ni en la montaña se esconde;
decid, si les preguntan dónde,
que Dios está sin mortaja
en donde un hombre trabaja
y un corazón le responde.

> Y Tú te regocijas, oh Dios, y tu prolongas
> en sus pequeñas manos tus manos poderosas;
> y estáis de cuerpo entero los dos así creando,
> los dos así velando por las cosas".

El ser humano solo es real en un tiempo, en una cultura y en una sociedad. También la humanidad de Jesús estuvo marcada por esta limitación. Si, por otro lado, según la fe cristiana, el Verbo encarnado es camino para todos los humanos, gracias al Espíritu la encarnación debe continuar.

2. La encarnación continúa no solo en el tiempo. También avanza en el progreso que, con sus inventos y técnicas, logra la humanidad. En algunas publicaciones anglosajonas, y con la perspectiva de unidad universal que propone la fe cristiana, se habla de "encarnación profunda" *(deep incarnation)*. Una pista significativa para dar toda su amplitud a la encarnación continuada.

No hay dos historias, una sagrada o acompañada por la presencia de Dios, y otra profana dejada de su mano. No hay más que una historia que procede sostenida y acompañada por la presencia activa del Creador, aunque muchas veces esa historia es profanada por la persona humana que pretende ser absoluta y rechaza esa Presencia.

En esta perspectiva se comprende la densidad teologal que de algún modo tienen todas las personas y todos los acontecimientos. Si el Hijo de Dios "se ha unido en cierto modo con todo hombre", la persona humana en sí misma tiene una dignidad inviolable. Y si la persona humana solo es real dentro de una situación histórica, en todos los acontecimientos es posible discernir signos de esa Presencia encarnada.

3. Valgan tres signos: humanistas que descartan la presencia de Dios, filósofos que defienden la posibilidad de una verdad universal compartida, y la compasión cuya semilla está ya en el corazón humano.

1º Interroga la postura de algunos humanistas que, para salvaguardar la centralidad de la persona humana, creen necesario prescindir totalmente de Dios y de la religión. Sabido es que Tomás de Aquino en la encrucijada que significó el s. XIII abrió las puertas del humanismo renacentista, destacando la dignidad de la persona como medida de todas las cosas, pero fundamentada en ese misterio que llamamos Dios. Su antropocentrismo era consecuencia de su teocentrismo. A partir del s. XVIII se proclamó la dignidad de la persona ya desgajada de su fundamentación teologal.

En las reservas y hasta rechazo de los humanistas respecto a Dios y a la religión cristiana, tiene que haber un equívoco. Quizás porque a veces los mismos cristianos con nuestra conducta religiosa, oral y social hablamos de una divinidad rival y enemiga de la humanidad. Todo lo contrario, a la novedad de la encarnación, donde la humanidad es afirmada y perfeccionada.

2º Hay otro fenómeno que también puede ser interpretado en clave de la encarnación continuada.

Durante mucho tiempo en pueblos europeos, la religión daba una visión universal con unos valores y unos criterios de conducta. Pero en la modernidad el mundo ha quedado racionalizado en manos de la ciencia, y la religión ya no tiene ese papel. Si Dios ha muerto y el mundo está en manos de la humanidad ¿es posible encontrar una referencia común para la convivencia en una sociedad plural?

La Escuela de Frankfurt, con su teoría de la razón crítica, soñaba con una razón universal que, independientemente de las religiones, fuera participada por todos. Pero desastres como el genocidio causado por el nazismo se burlaron del proyecto. Decepcionados de su confianza en la razón, salvo excepciones, los pensadores de esa escuela, todavía con la influencia kantiana, defendían la existencia de un Absoluto que como instancia superior pueda dar sentido a la existencia humana.

Merece en este sentido atención la propuesta del filósofo Jürgen Habermas:

"Tras el colapso de una imagen religiosa del mundo común para todos con el paso a una sociedad pluralista sobre las concepciones del mundo, los mandamientos no se pueden justificar públicamente desde la perspectiva trascendente de Dios. La trascendencia tiene que venir desde dentro de la humanidad. Esa trascendencia se logrará construyendo la verdad en un diálogo compartido. Es la acción comunicativa que debe proceder libre de coacciones internas y externas, en que vamos construyendo la verdad en el tiempo. Así concluye: "Desde la libertad subjetiva y desde la razón práctica de los seres humanos que han abandonado a Dios, se puede fundamentar la fuerza vinculante de las normas y los valores".

Abstraigamos ahora de las objeciones que realizadas a esa teoría. Pero ¿no se han elaborado así éticas seculares válidas como la Declaración de los Derechos humanos en 1948? En todo caso la teoría de Habermas puede ser un signo de lo que llamo encarnación continuada. En la modernidad, cuando el ser humano se aleja de una divinidad inventada, puede buscar la verdad, actuando libre y responsablemente desde su conciencia y en diálogo con los otros.

3º La compasión que brota del corazón de las personas. Es un sentimiento que parece sembrado en nuestra intimidad y espontáneamente salta cuando vemos el deterioro de lo humano. Sabido es que algunos pensadores celosos de encumbrar al superhombre, califican la compasión como sentimiento de los humanamente débiles. Pero la compasión que altera la vida de las personas, al ver la exclusión que sufre otro y hacer lo posible por liberarlo, es lo que más engrandece a las personas. Jesucristo, movido a compasión fue totalmente para los demás; encarnación definitiva de la compasión de Dios en condición humana, y camino de auténtica realización para todos.

4. Dios es amor

No podemos conocer al Inefable si no se revela. Y en Jesucristo hemos percibido que Dios es amor. Es la confesión que como un rayo de luz hace san Juan en una de sus cartas. La proclamamos una y otra vez sin agotar nunca su contenido. No se trata de una doctrina formulada con la cabeza, sino de una experiencia vivida en el corazón. En el sugerente librito "Un Dios creíble", 2024, hay un dibujo de Cortés evocando una figura portadora de paz que dice: "Recuerda, hijo mío, aunque se demuestre científicamente que Dios no existe, Yo te seguiré queriendo".

En toda pureza de gratuidad

Dato central en los evangelios es la intimidad de Jesús con el "Abba", símbolo de una presencia de amor, benevolente y gratuita, que se renueva cada día y en la que, ocurra lo que ocurra, siempre se puede confiar. Fue la novedad que vivieron los primeros cristianos: Dios es amor y solo el que ama conoce a Dios.

El amor es la experiencia más feliz que tenemos los humanos. Pero hay una perversión frecuente: utilizar a la persona amada solo para satisfacer nuestra necesidad; no salimos de nuestro "ego", y ese amor tampoco nos humaniza, pues nos cierra en nosotros mismos.

Dios es amor (*ágape*) totalmente gratuito. Es la experiencia que celebran las primeras comunidades cristianas. En su fe o encuentro con Jesucristo percibieron que Dios no es primero, y después ama. Se identifica como Presencia de amor que continuamente se está dando. Antes de san Juan, ya san Pablo vivió y nos trasmitió esta fe o experiencia cristiana: "Nadie ni nada podrá separarnos del amor de Dios manifestado en Jesucristo; nos ama incluso cuando somos pecadores". Juan de la Cruz habla de Dios como "primer amante", "fuente abismal de amor".

De cuando en cuando leo y medito los relatos evangélicos sobre el nacimiento de Jesús. La experiencia de Dios que vive María de Nazaret es gratificante. No celebra la existencia de un ser supremo –metafísicamente hablando– que, instalado en su trono del cielo, dicta sentencias sobre la humanidad y maneja la marcha del mundo. Dios es "mi salvador". Se hace cargo de nuestras debilidades y limitaciones: "ha mirado la humillación de la pobre". Y como misericordia, envuelve y acompaña a la humanidad de generación en generación rectificando lo torcido: "derriba a los poderosos y enaltece a los humildes".

Vida compartida

Como profesores de teología impartimos las admirables teorías de San Agustín y de Santo Tomás sobre la confesión cristiana en Dios Trinidad de personas. El gran maestro medieval advierte que se trata de una teoría como aproximación a un misterio que solo se vive como experiencia mística de fe. Pero a veces los mismos teólogos pecamos de inmodestia por nuestra pretensión de reducir el misterio a los marcos de nuestra racionalidad.

Una fe o experiencia de los cristianos apoyada en la conducta y en las palabras de Jesucristo: vive como Hijo y se siente uno con el Padre gracias a la unción del Espíritu. Podemos experimentar, respetando el misterio, que así es la realidad indefinible de Dios. Padre, Hijo y Espíritu no son tres dioses. Ni solo tres modos de manifestarse el único Dios en la historia. Ni entre Padre, Hijo y Espíritu hay subordinación. Según la fe o experiencia cristiana, la naturaleza o condición personal de Dios es trinitaria: comunidad de amor y de comunión en la pluralidad.

Esta fe en Dios-Trinidad significa una forma nueva de experimentar el monoteísmo como plenitud de comunión en el amor. Por ahí apunta la confesión "tres personas distintas y un solo Dios verdadero". Una vida diferenciada en la comunión.

Hablamos de tres personas en Dios por decir algo. Desde la fe o experiencia cristiana, ese misterio que llamamos Dios no es una realidad etérea y nebulosa. Jesús invoca al "Abba" como alguien que ama, escucha, se compadece y se alegra. Pero no es persona entendida como sujeto racional que puede o no relacionarse con los demás. Dios es comunidad de amor que continúa y gratuitamente se está dando como vida y aliento en todos y en todo.

Desde la revelación de Dios comunidad de amor, hay que cambiar el proceso de nuestro discurso. No debemos partir de lo que entendemos por persona humana para vislumbrar qué significa persona cuando nos referimos al misterio de Dios. Hay que proceder al revés: partir de lo que significa persona divina como relación de amor entre los diferentes, para descubrir ahí la vocación de la persona humana.

Con frecuencia se habla de las tres religiones monoteístas: judía, cristiana y musulmana. Pero en la fe o experiencia cristiana no se trata de un monoteísmo cerrado y monolítico que como poder absoluto exige que los mortales se arrodillen siempre como esclavos. Según la fe cristiana, Dios es uno en comunión de amor, fundamentando y sosteniendo a cada uno en su propia identidad. No creando continuamente esclavos, sino sosteniendo y afirmando la vida y la singularidad de cada uno.

Comunión entre los diferentes. La simbólica trinitaria puede ser referencia para vivir desde el amor nuestra relación con todas las personas, para ser nosotros mismos viviendo en comunidad, y para la buena salud del diálogo entre los pueblos con sus propias culturas.

Por ahí nos orienta la intención última del amor humano. Frecuentemente, en nuestras relaciones de amor, prevalece el instinto posesivo de apropiarnos de la persona amada. Pero amar de verdad significa vivir diciendo al otro: deseo que seas tú mismo, y tengas vida plena. Los cristianos confesamos que en la comunión trinitaria se hace plenamente realidad la intención del amor, y en consecuencia ahí está la fuente para nuestro crecimiento humano en el amor.

Para amar bien al otro y para la buena salud del amor erótico tiene sentido y puede ser eficaz el primer mandamiento: "amar a Dios de todo corazón y sobre todas las cosas". Precisamente para que nuestro amor a todos no endiose al otro, y tampoco le prive de la Presencia de amor que le constituye y engrandece.

En las últimas décadas, gracias en buena parte a la emergencia de los medios de comunicación, vamos tomando conciencia de que el mundo es como una aldea: todos somos una sola familia humana y estamos continuamente interrelacionados. Lamentablemente se ha generalizado la fiebre posesiva con la lógica de dominación y descarte; así crece la injusticia social y la pobreza cada vez es más escandalosa; la globalización con esta lógica está siendo un desastre. Pero hay que reaccionar y leer este fenómeno de nuestro tiempo como un signo y una llamada del Espíritu: todas las personas y todos los pueblos formamos una sola familia. Somos invitados a vivir en comunión de amor, respetando y promoviendo la singularidad de cada uno. Por ahí nos orienta la simbólica trinitaria.

Y en esta perspectiva podemos aproximarnos al misterio de la Iglesia que en el Vaticano II se presenta a sí misma como "un pueblo reunido en virtud de la unidad del Padre y del Hijo y del Espíritu Santo".

Queda descartada una visión piramidal donde unos son superiores a otros. Hay distintas personas con su propia identidad, distintos ministerios y funciones. Pero uno solo es el Espíritu. La singularidad de cada uno se alimenta y se perfecciona en la comunión con los demás.

Si se ve a Dios como Padre o principio sin Hijo ni Espíritu, estamos percibiendo una divinidad absolutista que lo hace todo desde arriba sin contar para nada con la encarnación que, gracias al Espíritu, continúa en todos los bautizados. Esta visión inspira un modelo de Iglesia como sociedad patriarcal con la patología del clericalismo: unos pocos mandan, enseñan y celebran, mientras la mayoría de bautizados obedecen, aceptan y asisten pacientemente a las celebraciones litúrgicas.

La Iglesia es cuerpo espiritual de Cristo en cuanto que gracias al Espíritu todos los bautizados participamos de la experiencia del "Abba" y nos sentimos hermanos. Cuando se pretende continuar la encarnación o seguimiento de Jesucristo en el tiempo y en los dinamismos sociales, sin esas dos referencias –Padre y Espíritu– desaparece la identidad cristiana.

Finalmente, tampoco vale una visión espiritualista de la Iglesia, donde no se palpe la presencia del Padre misericordioso y la conducta histórica del Hijo apasionado y comprometido hasta entregar la propia vida para construir la fraternidad incluyendo a los excluidos. Ya san Pablo, en una carta a los fieles de Corinto recuerda que nadie puede confesar que Jesús es el Señor, sino es iluminado por el Espíritu. Pero que tampoco nadie pretenda actuar por el Espíritu si niega o deja de lado la conducta histórica del Hijo.

Solo siendo pueblo donde participen en la comunión entre Padre, Hijo y Espíritu, la Iglesia puede ser signo e instrumento "de la íntima unión con Dios y de la unidad de todo el género humano". Ahí se fundamenta la exigencia de sinodalidad como esencial a la Iglesia.

Incluir a los excluidos. Todas las personas estamos enraizadas en esa Presencia de amor que gratuitamente se está dando. Nuestra mayor dignidad y el motivo permanente de confianza es que, ocurra lo que ocurra, estamos siendo amados incondicionalmente. Ahí está el fundamento de nuestra confianza. Esta Presencia de amor fundamenta la dignidad de toda persona humana, cuando en nuestra cultura el "yo" se encuentra perdido y va constatando que los dioses de la tierra –tener, poder, prestigio...– no le satisfacen.

Podemos mirarnos a nosotros mismos y a los demás desde esa Presencia de amor como único Centro, y amarlos como nosotros somos amados. Con la gratuidad que da sentido y engrandece a todas nuestras relaciones. La verdad de esa mirada se prueba cuando nos encontramos con las personas tiradas en la cuneta que aparentemente nada pueden darnos, y fácilmente damos un rodeo para esquivar el encuentro.

"Bien vista tengo la aflicción de mi pueblo en Egipto, y he escuchado su clamor bajo el yugo de sus opresores, pues conozco sus sufrimientos; y he bajado para liberarlo". La mirada compasiva de Dios se entrecruza con la mirada suplicante de los pobres que no se atreven a levantar la cabeza. El mirar de Dios es amar, y cada persona está siendo amada y revestida de una dignidad inviolable. Una fe o experiencia cristiana que hace insufrible e intolerable ver cómo los pobres son tratados como si fueran material sobrante una vez utilizado.

He visto de cerca la exclusión que sufren muchas personas y grupos humanos en los empobrecidos en pueblos de América Latina y allí entendí todo el movimiento por la liberación de los pobres que dinamizó a las iglesias en esa región. Su inspiración fue la misericordia: mirar a las personas con los ojos compasivos de Dios.

El sufrimiento de los excluidos sigue siendo aguijón inquietante. Pensamos ahora en tantas personas migrantes que, pasando mil calamidades, arriesgan la propia vida por liberarse de la miseria, y lograr una existencia mejor. Da pena ver cómo muchos pierden la vida en su éxodo de liberación; al llegar al país de sus sueños, solo encuentran dificultades; y para sobrevivir, frecuentemente tienen que renunciar a su dignidad y derechos fundamentales de personas.

Como signo de vida, mujeres y hombres, en cuya intimidad están grabados los ojos misericordiosos de Dios, reaccionan compasivamente y su mirada desde el corazón, fructifica en una práctica solidaria de amor gratuito. Pero la insensibilidad y el egocentrismo se concreta en el despotismo de gobernantes que levantan muros para que los pobres no entren. En el miedo y reparos de muchos hacia los migrantes. En los juicios negativos sobre la conducta de los pobres ignorando las situaciones límite que les toca sufrir.

Estamos viendo el abandono y la esclavitud que hoy, en nuestras fronteras, en la legislación sobre extranjería y en su inserción social, están sufriendo muchos pobres inmigrantes. ¿Creemos de verdad los cristianos que también ellos son personas habitadas por esa Presencia de amor? ¿Los miramos con la mirada de Dios impactada por el sufrimiento de los esclavizados en Egipto? ¿Estamos dispuestos a dejarnos alterar por esa inhumana situación de los inmigrantes que apenas pueden levantar para decirnos "aquí está tu hermano"?

Debemos agradecer a tantas mujeres y a tantos hombres que, fieles a la mirada compasiva de Dios y sensibles al clamor de los pobres, en cuerpo y alma son ángeles de Padre misericordioso en favor los inmigrantes. Ellas y ellos han escuchado como Moisés: "ahora pues, vete; yo te envío al Faraón para que liberes a mi pueblo". En nuestra situación, los inmigrantes pueden ser una llamada de atención para recordarnos que la fe o experiencia cristiana es inseparable de la opción por los pobres como forma para transmitir a todos, el evangelio de la misericordia.

5. A todo da vida y aliento

Es la fe o experiencia que confiesa el creyente bíblico: "Todas mis fuentes están en Ti. Tu luz nos hace ver la luz". Fue la experiencia que vivió Jesús en su intimidad con Dios, y manifestó hablando de la providencia: "Observad los lirios del campo, cómo crecen; no se fatigan, ni hilan. Pero yo os digo que ni Salomón, en toda su gloria, se vistió como uno de ellos. Pues si a la hierba del campo, que hoy es y mañana se echa al horno, Dios así la viste, ¿no lo hará mucho más con vosotros, hombres de poca fe?". En esa experiencia Juan de la Cruz celebra:

> "La Fonte que mana y corre;
> su origen no lo sé pues no le tiene,
> mas sé que todo origen della viene"

Una presencia de amor

Ese misterio que llamamos Dios, según la fe o experiencia cristiana, es Presencia de amor que a todos y a todo da consistencia. En el "Libro de la vida" Teresa de Ávila confiesa: "Aconteciome a mí una ignorancia al principio, que no sabía que estaba Dios en todas las cosas; y como me parecíame estar presente, parecíame imposible".

Por esas mismas fechas otro gran místico español, Ignacio de Loyola apuntó muy bien la entraña de la espiritualidad cristiana: "buscar y hallar a Dios en todas las cosas; a

Él en todas amando; y a todas en Él conforma a su santísima voluntad". Con inspiración ignaciana José A. García, jesuita de fina sensibilidad evangélica, presentó su valioso libro *Ventanas que dan a Dios* con estas significativas frases, Dios es una presencia real, y las experiencias humanas, todas están llamadas a ser ventanas que dan a Él…; a los seres humanos se nos ha concedido la posibilidad de encontrar a Dios en las cosas, de todas ellas; y que en el seno de ese encuentro podemos experimentar su Amor y su llamada". Este carisma ignaciano puede ser aire nuevo para la vocación de fraile predicador que siglos antes vivió Domingo de Guzmán: "Hablar con Dios y de Dios". Los verdaderos carismas son expresiones del único Espíritu encarnadas en un tiempo, en una cultura y en una determinada situación de la Iglesia. No se oponen, sino que se completan.

La persona humana es lugar privilegiado de esa Presencia. Como imagen del Creador, está siendo incondicionalmente amada y ese amor fundamenta su dignidad. Aunque sea Caín, lleva en su frente la prohibición: "no matarás". De ahí que amando al prójimo en sí mismo, estemos amando también a Dios, esa Presencia de amor en que todos habitamos. Solo en esta perspectiva tiene sentido amar a los enemigos.

Está muy metida la idea –incluso entre muchos cristianos– de que Dios es un sujeto separado y por encima de todos y de todo. Si es presencia de amor que a todos nos fundamenta y constituye, bien podemos decir que su realidad a todos nos desborda, es "totalmente otro". Pero, según experimentan algunos místicos, es "no-otro" porque su Presencia es más inmanente a nosotros más que nuestra propia intimidad.

En esa misma fe o experiencia cristiana, todas las criaturas tienen una dimensión sagrada. Existen gracias a una Presencia de amor, no desde fuera o desde arriba, sino desde dentro de ellas mismas. Contagiados por la fiebre posesiva, frecuentemente somos depredadores de las otras realidades creadas olvidando su carácter sagrado, y las utilizamos irreverentemente. Las amenazas de una creación utilizada sin respetar sus leyes y ritmos ya son aviso saludable. Pero desde la fe o experiencia cristiana hay otra razón más profunda: en todas las realidades creadas está la Presencia de Dios amando; tienen una consistencia sagrada que debemos respetar y cuidar.

Según el relato bíblico, Jacob iba de camino, anocheció y se quedó a descansar al raso reclinando su cabeza sobre una piedra entre las ruinas de un templo pagano. Y tuvo un sueño: allí los ángeles bajaban y subían por una escalera tendida desde el cielo: "también Dios está aquí y yo no lo sabía". La creación entera en su dinamismo evolutivo es de algún modo encarnación de ese misterio que llamamos Dios. Jesús de Nazaret celebró esa Presencia en el mundo, que es campo donde crece ya la semilla, en la belleza y perfume de los lirios, en las insignificantes aves que cruzan el espacio. Lo canta poéticamente Juan de la Cruz:

"Mil gracias derramando,
pasó por estos sotos con presura
y, yéndolos mirando,
con sola su figura
vestidos los dejó de hermosura"

En los signos del tiempo

Desde la fe en la encarnación, el mundo no solo tiene un lado sombrío. Es la entera familia humana con todas las realidades creadas, que ya está acompañada y sostenida por una Presencia de amor. Por eso el tiempo ya no es solo la sucesión de acontecimientos. Cada momento tiene su densidad teologal. En el tiempo se representa el teatro de la humanidad con sus afanes, victorias, fracasos y esperanzas. Por eso el Vaticano II insiste una y otra vez en la necesidad de discernir los signos del tiempo para vislumbrar la presencia de Dios como Espíritu que continuamente renueva la faz de la tierra.

Signos del tiempo son acontecimientos donde asoman anhelos, valores, preguntas y aspiraciones que permiten vislumbrar señales de una Presencia encarnada que nos pide dar un paso adelante. En cada generación y en cada situación cultural hay que discernir y se debe responder desde la fe o experiencia cristiana de Dios, a los perennes interrogantes de la humanidad sobre el sentido de la vida presente y de la vida futura y sobre la mutua relación entre ambas. Así se habla significativamente de la contemplación cristiana y de la reflexión teológica con ojos abiertos. Esa ventana debe estar abierta en la contemplación de ojos cerrados.

Es deslumbrante el progreso de los humanos en el conocimiento y gestión de las realidades creadas. No solo se procede como si Dios no existiera, sino que ni cuenta la hipótesis de su existencia. En algunos casos hasta se considera la existencia de Dios como dañina para el progreso de la humanidad. El avance del mundo sin Dios y sin religión evocan a la pareja de Adán y Eva que se esconden o dejan de lado la presencia de su Creador.

Son manifiestas las amenazas en el imparable progreso técnico. Cuando la referencia primera y única es la subjetividad humana, el individualismo nos invade, y en vez de una convivencia pacífica, sufrimos la violencia y las guerras que a todos nos destruyen. Da la impresión de que sin Dios y sin religión podemos progresar. Pero a la hora de la verdad fabricamos falsos absolutos, y cuando queremos llegar al cielo solo con nuestros inventos, el paradigma de Babel se actualiza: no hay posibilidad de entendernos, el progreso técnico se vuelve contra nosotros y el proyecto de construir la torre que llegue al cielo, cae por tierra.

Cuando pretendemos un progreso humanista sin Dios ¿no habrá en el fondo un equívoco en la visión de la divinidad y de la religión? Porque la fe cristiana en la encarnación no solo apoya y promueve la vocación de los humanos para gestionar con autonomía las realidades y procesos históricos. Esa misma autonomía está avalada e impulsada por la presencia de Dios encarnado. Es lo que intenté manifestar con el *libro ¿Progreso humano sin Dios?, 2022.*

Es bien notorio el cambio de la sociedad moderna en su versión europea, cada vez más emancipada de la tutela de la religión cristiana. Consciente de la situación, y con la visión del Concilio sobre el mundo, el papa Francisco pide una Iglesia en salida, leyendo los nuevos signos de nuestro tiempo, y dejando atrás falsas seguridades. La invitación supone despojo y quedarse un poco a la intemperie. Se ve que nos cuesta el cambio y preferimos seguir haciendo lo de siempre ¿Dónde está la clave para responder a esa invitación?

Jesús de Nazaret, sin duda fue un místico muy singular, pues tejió toda su existencia en intimidad con el "Abba". Pero no huyó al desierto evadiéndose de los conflictos sociales y religiosos de su pueblo y de su tiempo. Su experiencia mística del "Abba" probó su verdad rompiendo muros de separación, incluyendo a los excluidos, combatiendo a los *diábolos* que dividen y tiran a las personas por los suelos. En un empeño apasionado por construir la fraternidad, sufrió muchos conflictos hasta morir crucificado.

Siguiendo la conducta de Jesús, notables místicos –por ejemplo, Catalina de Siena, Eckart, Teresa de Ávila, Juan de la Cruz, Luther King, Mons. Romero o Teresa de Calcuta– vivieron su fe o experiencia comprometidos en construir el reinado de Dios o la fraternidad en medio de los conflictos. La pretensión de vivir unidos a Dios evadiéndonos del mundo –humanidad con todas las realidades entre las que vive– nada tiene que ver con la experiencia de Dios revelado en Jesucristo.

La Iglesia en salida misionera está pidiendo una conversión al Evangelio. Volver a Jesucristo. Vivir la fe o experiencia mística en la encarnación: presencia de Dios en todos los acontecimientos. Con frecuencia sale a colación el dicho de Santa Teresa: "Nada te turbe nada te espante; todo se pasa, Dios no se muda; la paciencia todo lo alcanza. Quien a Dios tiene nada le falta. Solo Dios basta". Sin duda la Presencia de amor que es el misterio de Dios siempre será la fuente que mana y sostiene nuestra vida; ocurra lo que ocurra, nunca nos abandona y podemos seguir confiando. Pero con Dios, solo nos encontramos en este mundo que debemos construir con nuestras manos. No hay que leer *Las Moradas* de santa Teresa separadas del relato que hizo sobre su ajetreada vida.

6. Poder en la lógica del amor

El amor no es un atributo más de Dios, sino que todos los atributos de Dios tienen como fuente y son expresión del amor. Es muy revelador el primer artículo del Símbolo: "creemos en Dios Padre Todopoderoso". Antes Padre, que Todopoderoso. El ejercicio de su poder es mediación del amor. La expresa bien la oración litúrgica: "Oh Dios, que manifiestas tu poder en la misericordia". Según Tomás de Aquino, la virtud propia de Dios es la misericordia ya que "a ella pertenece volcarse a favor de los otros y más aún socorrer sus deficiencias".

Amor y justicia

En los orígenes de esa revelación, movido a compasión, Dios interviene para liberar a los esclavizados en Egipto. En el s. VIII, Oseas fue un profeta muy sensible a la idolatría o infidelidad del pueblo con Dios, quien sin embargo respira sentimientos de ternura y compasión. Después de lamentar la prostitución del pueblo con falsas divinidades y después de lanzar amenazas de castigo, Dios reacciona: "Mi corazón se me revuelve dentro a la vez que mis entrañas se estremecen; no ejecutaré el ardor de mi cólera, no volveré a destruir a Efraín, porque soy Dios y no hombre; te desposaré conmigo en justicia y equidad, en amor y compasión".

En nuestra cultura los sentimientos más parecidos a ese amor de Dios son los de una madre buena. Ya lo sugirió el profeta Isaías: "¿Acaso una madre olvida a su niño de pecho, sin compadecerse del hijo de sus entrañas? Pues, aunque una madre llegara a olvidarse, yo no te olvido". Rompiendo todos los esquemas de la racionalidad, la madre buena sigue amando al hijo, aunque sea delincuente. Unas razones y una lógica del corazón que la cabeza cuadrada no entiende.

Y otra vez aquí viene la trascendencia de ese misterio que llamamos Dios. No solo y tanto porque su realidad desborde todas nuestras categorías o predicamentos intelectuales. Sino porque si ya el amor de una madre buena rompe nuestros esquemas ¿quién puede abarcar al todopoderoso en el amor? No se impone por la fuerza, sino que seduce y atrae irresistiblemente.

Movido a compasión, Jesús defendió la dignidad de los excluidos negada en la práctica social o religiosa: pobres, enfermos, publicanos legalmente impuros, y samaritanos herejes; leprosos, mujeres prostituidas y discriminadas. Esa misma compasión se manifestó en lamentos por la conducta individualista de los orgullosos privilegiados religiosa y socialmente. Fue más allá de lo que hizo el buen samaritano de la parábola evangélica, pues entregó la propia vida con dolor, pero compadecido de las víctimas y apasionado de que todos tengan vida. Por eso le confesamos Hijo y Palabra de Dios.

En las parábolas de la misericordia, Jesús quiso comunicar su experiencia de Dios hablando en el corazón humano. Misericordia quiere decir vuelco en nuestra intimidad alterada por la miseria que está sufriendo el otro, y compromiso por hacer posible su liberación. Dios es

Presencia de amor que dentro de nosotros mismos nos fundamenta, nos mira, nos acompaña y nos espera con los brazos abiertos. Perdona todas nuestras deudas; cuida de nosotros en todas las situaciones y a pesar de todo; promueve nuestros sentimientos compasivos, y solicita nuestra responsabilidad.

Cuentan los evangelios que Jesús, un sábado en la sinagoga de Nazaret, leyó y comentó el texto del profeta Isaías que anuncia la liberación del pueblo por la intervención de Dios: "será el año de la gracia del Señor y el día de la venganza". Jesús se presenta como el portador de esa liberación esperada, pero quita "el día de la venganza".

Ese atrevimiento de cambiar la palabra de la Escritura provoca tal escándalo, que los ortodoxos judíos se disponen a matarlo por blasfemo, despeñándolo por un acantilado. Los sacerdotes y jefes de la sinagoga que pasan delante del Crucificado, menean la cabeza: "si es el Mesías, hijo de Dios, que baje de la cruz". No les cabe la novedad evangélica sobre Dios, cuyo poder se manifiesta como misericordia encarnada. En su carta a los fieles de Roma, san Pablo vive la novedosa experiencia: nadie ni nada puede separarnos del amor de Dios revelado en Jesucristo.

Desde el encuentro con Jesucristo, en su primera carta san Juan escribe: "el que ama conoce a Dios": Pero también dice: "todo el que ama la justicia (rectificando lo torcido) es de Dios". No hay amor sin justicia, y ésta se queda corta si no está inspirada por el amor. La sociedad puede funcionar con una justicia legal. Pero si en la cohesión social no entra la compasión, la justicia acaba siendo injusta.

6. Poder en la lógica del amor

Lo estamos viendo en nuestra misma organización social totalmente marcada por la fría lógica del mercado.

Buen ejemplo es cómo procede la liberación de los esclavizados en Egipto. Su punto de partida es la intervención compasiva y gratuita de Dios: "Bien vista tengo la aflicción de mi pueblo; conozco sus sufrimientos y bajado para liberarlo". Pero la liberación solo se hace realidad cuando Moisés y el pueblo libremente arriesgan la propia seguridad para rectificar lo torcido. La compasión de Dios participada por los humanos marca también legislación deuteronómica donde una y otra vez sale la obligación de atender a los pobres.

Abrahán debe recomendar a sus descendientes que practiquen *la justicia y el derecho*. Una exigencia permanente a lo largo de la historia bíblica. Justicia implica dar al otro lo suyo, lo que le corresponde según el derecho establecido. Sin justicia no hay amor que valga. En los siglos VIII y VII los profetas claman por la justicia social cuando los potentados de Jerusalén oprimen a los pobres campesinos y, para encubrir sus desmanes, manipulan incluso los sacrificios rituales del templo.

De tal modo que a veces, leyendo a esos profetas, da la impresión de que hay un Dios del culto, y otro Dios de la justicia. Pero en realidad los profetas que piden justicia social no rechazan el verdadero culto religioso sino el culto religioso, sin compasión; manipulado y prostituido para encubrir la injusticia y atropellos contra los pobres. Lo dice bien el profeta denunciando a los ricos de Jerusalén que para encubrir sus fechorías se adueñaban del culto religioso: "vuestras liturgias con injusticia me resultan intolerables". Se trata de un culto religioso prostituido por el ejercicio injusto del poder. El culto religioso no es aceptable sin el compromiso por rectificar lo torcido. Lo dejan bien claro la conducta y las parábolas de Jesús.

La tentación del poder

A todos nos acecha la tentación de creer que el poder nos salva. La tentación de Adán y Eva, hombre y mujer: pretender ser como la divinidad que se la imaginan todopoderosa, sin aceptar su condición de criaturas. Fue la tentación que sufrió y superó el mismo Jesús. Una tentación que destruye a la sociedad humana, y que sigue siendo herida para la Iglesia y amenaza para la conducta de los mismos cristianos.

Según los relatos de las primeras comunidades, Jesús tuvo poderes físicos, psicológicos y de seducción. ¿Por qué no utilizarlos para dominar a los otros? ¿por qué no hacer un milagro prodigioso para que al verlo se sometan los remisos y todos acepten el Evangelio? ¿por qué no enviar un rayo para que destruya sin más a los samaritanos que no le dejan pasar por su tierra? ¿por qué no destruir a los que rechazan el Evangelio? ¿por qué no bajar de la cruz para castigar a quienes le condenan injustamente?

Convencido de que solo el amor salva, una y otra vez Jesús rechaza la tentación del poder. Son innegables las muchas curaciones realizadas por él; pero siempre para levantar a los excluidos, no para asegurarse a sí mismo ante los demás. Habla con autoridad porque es sincero, no dice una cosa y hace otra. Ejerció sus poderes como mediación de amor gratuito.

Lógicamente desenmascaró el autoritarismo de los jefes religiosos judíos que echan cargas sobre los otros y son incapaces de mover un dedo para solucionar sus problemas. Y también denunció el autoritarismo de los gobernantes políticos que so pretexto de protegerlos, oprimen a los ciudadanos.

Estamos viendo cómo en nuestra sociedad la lógica del poder está sembrando injusticia, e impidiendo una convivencia pacífica; las guerras fratricidas son como la cresta de una sociedad infectada con la lógica del poder. Esa lógica, incentivada por la codicia o la fiebre posesiva, la injusticia social y la pobreza escandalosa, da grima.

La Presencia de Dios amor, en el pobre y excluido, es reclamo que interpela. ¿dónde está tu hermano? ¿cómo te relacionas con él? ¿en vez de ayudarle a salir de la exclusión, le olvidas y dejas que muera en la miseria? Dios está en los excluidos amándolos y pidiendo ayuda: "tuve hambre y me diste de comer". La conducta evasiva y el desentendimiento por rectificar lo torcido es blasfemia contra Dios, presencia de amor herido en los pobres echados fuera de la mesa común.

La Iglesia visible tiene instituciones y puestos de poder en la sociedad. Las mismas congregaciones religiosas, para llevar a cabo su misión evangelizadora, se sirven de estructuras y medios sociales, económica y políticamente poderosos. Aunque no es posible mantener esas instituciones sin tener recursos, siempre hay peligro de que lo asumido en un principio como medio, se convierta en fin que acaba sofocando el talante evangélico del carisma religioso e instrumentalizando a las personas.

Todos tenemos alguna forma de poder: físico, psicológico, simpatía natural, inteligencia, palabra fácil, capacidad de seducción, bienes materiales, habilidades prácticas. Los niños ejercen el poder con sus lloros, y los mayores quejándonos de nuestras dolencias. Pero el ejercicio de poder solo ayuda a crecer en humanidad cuando es mediación de amor.

7. "Misericordia quiero, y no sacrificios"

En la entraña de la revelación bíblica Dios es amor, y el imperativo central es que los humanos se relacionen entre sí con amor. Para manifestar y afianzar esta fe o experiencia, tenía sentido el culto religioso y la legislación pertinente. Pero una y otra vez intereses bastardos manipulaban el culto religioso y la legislación hasta volatilizar y prostituir esa experiencia. En ese contexto, tiene sentido la denuncia del profeta Oseas: "quiero misericordia y no sacrificios".

La utilización del templo y del culto para mantener puestos de privilegio social y de seguridad económica empobreciendo más a los pobres, era también lacra de la religión judía el en tiempo y en la sociedad donde vivió Jesús. La situación explica sus palabras y gestos proféticos denunciando la prostitución del culto religioso y de las normas morales: "No todo el que dice Señor, Señor". "¡Ay de vosotros, maestros de la Ley y fariseos, que sois unos hipócritas! Pagáis el diezmo hasta sobre la menta, el anís y el comino; pero no cumplís la Ley en lo que realmente tiene peso: la justicia y la misericordia". Son como el fariseo que todo erguido y orgulloso se cree justo porque reza y cumple las normas, mientras descalifica con desprecio al humilde publicano.

Movido a compasión, Jesús se sienta a la mesa con pobres y pecadores, y relativiza el sagrado precepto del descanso sabático. Hace suya la denuncia de los profetas: "misericordia quiero y no sacrificios". En esa perspectiva la expulsión de los mercaderes en el templo de Jerusalén, que narran los cuatro evangelios, fue un gesto profético muy significativo.

¿Jesús de Nazaret contra la religión?

Según los relatos evangélicos, Jesús fue un judío piadoso y con su actividad profética no intentó destruir la religión judía. Quiso avivar la experiencia de fe original que inspira toda la historia bíblica y que desaparecía en aras de un ritualismo religioso.

Para calificar el movimiento iniciado por Jesucristo, en las primeras comunidades cristianas se hablaba de "camino". Todos se consideraban hermanos y el nombre más frecuente para esas comunidades era fraternidad. Ese movimiento es aceptado en el imperio romano como religión, con las distintas acepciones y significados que se le dan a esta palabra. En su obra *De vera religione*", San Agustín entiende la religión cristiana como el verdadero culto dado a Dios revelado en Jesucristo.

El culto dado a Dios por personas humanas conlleva palabras, gestos, y prácticas comunitarias. Pero todo eso, cuando no expresa la fe o experiencia, fácilmente queda pervertido por el egocentrismo e interés individualista. Era una perversión que sufría la religión judía en tiempo de Jesús. Y es una perversión que puede hoy destruir la verdad de la religión cristiana.

Saliendo al paso de esta perversión, hace unos años algunos teólogos decían que el cristianismo es una fe, pero no una religión. Creo que la fe cristiana tiene una dimensión comunitaria; debe ser manifestada y fortalecida con ritos y normas. Pero ante todo y finalmente lo esencial y decisivo es la fe, no reducida a creencias, sino como apertura libre, procesual y total a esa Presencia de amor que se está dando. Es el verdadero culto revelado en Jesucristo.

Culto, sacerdocio y moral nuevos

Este culto nuevo tiene su fuente y su referencia en la conducta histórica de Jesús, que culmina en su muerte y en la resurrección. La experiencia de Dios como amor y existencia humana tejida en los sentimientos de misericordia y en la práctica de la justicia, tratando siempre de incluir a los excluidos. Jesucristo Inauguró el nuevo culto "en espíritu y en vedad" compartiendo con pobres y pecadores, poniéndose al lado y defendiendo a las víctimas, combatiendo a las fuerzas malignas que dividen y matan; entregando la propia vida para derribar los muros de separación y abrir el camino de fraternidad universal sin discriminaciones.

Nuevo sacerdocio. Jesús no fue sacerdote judío, no dio culto a una divinidad con ritos religiosos, ni fue observante rígido de preceptos y normas intocables. Fue religioso, experimentó la presencia de Dios como amor, "Abba". Entre los escritos de las primeras comunidades cristianas, solo en la Carta a los hebreos se habla del sacerdocio de Jesucristo, no como continuidad sino rompiendo la idea de sacerdocio en la religión judía. Jesús no es sacerdote para ofrecer sacrificios rituales prescritos en la Ley. Es sacerdote, gastando su propia vida, para hacer la voluntad del "Abba": que todos vivan con dignidad y como hermanos.

Jesús fue hombre totalmente para los demás porque Dios estaba en él. Según vemos en los relatos evangélicos, su conducta brotaba de la compasión al ver el deterioro y el sufrimiento de las personas. Símbolos sacramentales de ese sacerdocio existencial fueron sus comidas con los pobres, las curaciones de enfermos, la cena de despedida y el gesto de lavar los pies a quienes legalmente no tenían ningún derecho.

El gesto sacramental más significativo fue la muerte de cruz por amor. Aquella muerte no fue un sacrificio religioso para aplacar a una divinidad celosa de su honor ofendido: ni para pagar en justicia el mal hecho con nuestros pecados. Fue la expresión de la misericordia: Dios mismo encarnado en la humanidad que, seducida por esa misericordia, con dolor y libremente se entregó por los demás. Así abrió un camino de salvación para todos.

Se comprende que, los verdaderos seguidores de Jesucristo, son un pueblo de sacerdotes en la forma de realizar su existencia y su relación con los demás, animados por los sentimientos de misericordia. Para servir a este pueblo sacerdotal tienen sentido los ministerios del diácono, presbítero y obispo. En el Vaticano II apenas entró esta novedad central que es el sacerdocio de los files. Sin embargo, ahí está la clave para que la Iglesia pase de ser una sociedad piramidal a una comunidad de hermanos con distintas funciones que no dan superioridad a unos sobre otros.

Nueva moral. Sólo hay acto humano cuando la persona decide y actúa desde dentro de sí misma, no por imposición desde fuera.

La referencia y el punto de partida para la conducta moral no es una ley natural y órdenes preestablecidos de creación que no se deben alterar. La razón universal a la hora de entender e interpretar esa ley y esos órdenes no está exenta del error por la lujuria del poder.

El punto de partida para la buena conducta moral es más bien el desorden establecido en la organización social y en el corazón de las personas. Al ver que lo humano –nunca definido, pero sí barruntado– sufre deterioro intolerable, surge el sentimiento de misericordia o compasión que, irresistiblemente, conlleva el compromiso por ayudar al humillado y erradicar las causas del deterioro que anidan en el corazón humano, y pervierten las relaciones sociales.

La religión no se reduce a la ética; pero solo puede ser bendecida y aceptada si está inspirada en la compasión. La moral cristiana parte de la gracia o experiencia gratuita de Dios misericordioso y compasivo. En esa presencia de amor habitan todos los seres humanos con todas las realidades entre las que viven. En la mirada y en la práctica de una conducta compasiva sin restricciones, se prueba la novedad evangélica de la moral cristiana.

Una vez más, la compasión, es en cierto modo encarnación continuada o presencia de Dios, amor compasivo en condición humana. Sin duda el Crucificado, que por amor vence a la muerte y vive resucitado, puede ser referencia para tantas víctimas a lo largo de la historia humana. Pero los excluidos siguen siendo cada vez más, y no es solo cuestión de que se les haga justicia después de la muerte.

Solo se anuncia el Evangelio en prácticas de liberación dentro de nuestro tiempo: "tuve hambre y me diste de comer". Signos del verdadero mesianismo en la conducta de Jesús son las practicas liberadoras de los excluidos: "los ciegos recuperan la vista, los cojos andan, los leprosos quedan limpios y los sordos oyen, los muertos son resucitados y a los pobres se les anuncia el Evangelio". Conducta liberadora que Jesús ratificó aceptando por amor la muerte como una víctima de la historia.

Es la conducta que Jesús propuso para todos en la significativa parábola del samaritano, al ver al hombre tirado por los suelos, expoliado e indefenso, se le revolvieron las entrañas; bajó de su cabalgadura e hizo todo lo posible por rehabilitar a la víctima indefensa.

La verdadera compasión hacia los pobres y excluidos no debe quedar solo en sentimientos pasajeros ni en sabias teorías. Prueba su verdad en prácticas liberadoras a favor de quienes sufren la pobreza y la exclusión. La llamada teología latinoamericana, precisamente porque su inspiración fue el principio de misericordia, no es separable de esa práctica liberadora. Los cristianos y también los teólogos que hacemos discursos y pronunciamientos sobre la compasión sin cambiar para nada nuestra situación de bienestar, podemos quedar en soflamas y elucubraciones piadosas mientras la exclusión y la pobreza de muchos cada día es más escandalosa.

¿Dónde queda el pecado? Es posible que, llegado hasta aquí, alguno se haga ese interrogante ¿dónde quedan el honor de Dios ofendido y el merecido castigo?

Negar esa sombra negra en uno mismo, en la sociedad y en la misma comunidad cristiana, es irreal e ingenuo. Pero según el Evangelio, donde abunda el pecado, sobreabunda la gracia o amor gratuito de Dios revelado en Jesucristo.

"Camina en mi presencia" es la invitación que suscita en nosotros la llamada de Dios que previamente nos ama. Como presencia de amor no se impone por la fuerza. Nos sostiene porque a todos y a todo está dando fuerza y aliento. Pero somos libres y nuestra libertad aún no está liberada. Podemos escondernos o rechazar esa Presencia. Entonces esa Presencia de amor sigue en nosotros y nos sostiene, pero como en casa extraña.

El pecado no proviene de Dios. Lo dejan bien claro los relatos bíblicos de los orígenes. Adán, Eva, Caín, por su orgullo, se esconden; no soportan su condición de criaturas. Pretenden suplantar al Creador y alejándose de su Presencia, se destruyen. Por eso la comunidad cristiana en la celebración litúrgica pide: "que nosotros vivamos como hijos de la luz y no pequemos contra la claridad de tu Presencia".

Hace años escuchábamos a predicadores cuaresmeros que metían miedo, y por si acaso corrías a confesar para no ir al infierno. Sin duda sus prédicas fueron alicientes para la conversión de muchos. Pero cada vez nos gusta más ser "predicadores de la gracia". Jesús de Nazaret inicia su actividad profética públicamente pidiendo la conversión al reinado de Dios. Pero esa conversión no es motivada por miedo al castigo, sino por seducción de algo que por iniciativa de Dios, que es amor, ya está sucediendo. Es como el que descubre un tesoro escondido y "con alegría" vende todo lo que tiene para conseguir el tesoro.

8. Antes la persona que el sábado

En la revelación bíblica, el misterio de Dios es inabarcable, pero se mantiene constante la novedad: Dios camina en la historia de las personas y de los acontecimientos como presencia de amor que gratuitamente se da.

Sin embargo, ya en la práctica religiosa, fácilmente se olvida esa presencia de Dios en la historia, y los humanos, para mantener nuestro egocentrismo con sus seguridades, montamos nuestros ídolos y organizamos el culto religioso. Fue la deformación que combatieron los profetas de Israel. En esa línea profética se inscribe la conducta de Jesús ya en su tiempo.

El centro no es un ídolo y culto religioso. El centro es Dios amor cuya presencia está encarnada en todas las personas humanas. Hay que mirar y existir para los demás desde ese único Centro que a todos nos fundamenta y constituye. La pretensión de dar culto a Dios olvidando, excluyendo, utilizando a la persona humana, va contra ese Centro.

En otras palabras, el culto religioso y la conducta moral secundando la voluntad de Dios tienen que ser afirmación y promoción de la humanidad habitada ya por esa chispa divina o deseo que puja en todos los deseos. En el Concilio Vaticano II la misma Iglesia reconoció la presencia del Espíritu en algunos legítimos reclamos de la sociedad moderna: anhelo de libertad, autonomía del ser humano en las tareas seculares, felicidad.

Toda conducta moral buena debe hacernos más humanos. Todo lo que libera es moral; y todo lo que esclaviza "aunque sea un precepto del Señor", es inmoral. En otras palabras, la moral tiene que ayudarnos a ser nosotros mismos, autónomos. La moral tiene por objetivo hacernos más felices cada día y caminar hacia la felicidad plena

Sin embargo, muchos perciben que la religión cristiana y la divinidad que presentan, más que afianzar y ampliar la satisfacción de esos legítimos anhelos, son un obstáculo. Si por otro lado seguimos diciendo que la persona humana es antes que el sábado, Dios revelado en Jesucristo, lejos de reprimir o aminorar esos legítimos reclamos, los perfeccionará.

Es la misión de la Iglesia ratificada en el Vaticano II: "Es la persona a la que hay que salvar. Es la sociedad humana la que hay que renovar. Es, por consiguiente, el hombre; pero el hombre todo entero, cuerpo y alma, corazón y conciencia, inteligencia y voluntad, quien será el objeto central de las explicaciones que van a seguir". Salvación es tener buena salud, desarrollar plenamente la semilla de humanismo ya impresa en el corazón humano con sus profundos anhelos.

El relieve de la subjetividad

En la época moderna se manifiesta la dignidad inviolable de la persona y el valor de su conciencia.

- Por su dignidad la persona debe ser centro y fin de todas las instituciones sociales; no debe ser utilizada como medio. No debe ser excluida ni tampoco integrada perdiendo su propia identidad. El filósofo M. Lévinas, de tradición religiosa judía, desarrolló una significativa ética de la alteridad: el otro es la profundidad de su mirada que transparenta y evoca una dimensión de trascendencia como un mandato: ¡no matarás!, de ahí la responsabilidad personal ante el otro que es primero que mi yo.

Aunque Lévinas apunta ya nuestra responsabilidad ante la situación del más débil, no debemos olvidar que el otro se ve impedido a ser él mismo por la injusticia y exclusión social. Es lo que destacó la teología latinoamericana de la liberación ya inspirada en el principio de la misericordia, novedoso y decisivo en la revelación judeocristiana. Los descalabros que estamos viendo en el dinamismo de la economía, pueden ser aviso de que la misericordia y la gratuidad tienen que entrar de algún modo en la cohesión social si queremos que las personas sean ellas mismas y no tengan que renunciar a su dignidad bajo la fría lógica de la comercialización.

- La conciencia es el sagrario donde nos encontramos a solas con Dios. Puede ser ayudada pero no coaccionada y siempre debemos seguir su dictamen.

Esta declaración conciliar de la Iglesia no solo exige la libertad religiosa, sino que tiene repercusión inmediata a la hora de transmitir el Evangelio y en el enfoque de la moral.

No vale seguir con la predicación de adoctrinamiento: proponiendo verdades y normas prefabricadas para que las personas sin más acepten; urgen la escucha y el acompañamiento de las personas que siempre deben actuar en conciencia.

La moral tampoco debe ser prioritariamente preceptiva; el cumplimiento de normas debe ser aceptado por la conciencia de las personas. No se arregla todo silenciando sino formando las conciencias.

-A la hora de formar la conciencia, los creyentes cristianos tenemos una referencia en la verdad de Dios según percibimos en el evangelio de Jesucristo. Pero ¿y los que no tienen esa referencia? Filosofías modernas sugieren un concepto de verdad que es construcción social mediante la comunicación y el diálogo auténtico. Una verdad que será relativa porque inevitablemente dependerá del tiempo y de la situación cultural.

Por ahí puede apuntar el Vaticano II cuando habla sobre la libertad religiosa: "La verdad debe buscarse de modo apropiado a la dignidad de la persona y a su naturaleza social; es decir, mediante la libre investigación, con ayuda del magisterio o enseñanza, de la comunicación y del diálogo, por medio de los cuales los hombres se exponen mutuamente la verdad que han encontrado, que creen haber encontrado, para ayudarse unos a otros en esa búsqueda; y una vez conocida ésta, hay que adherirse firmemente a ella con el asentimiento personal". ¿No fue este el camino recorrido para elaborar la Declaración Universal sobre derechos humanos 1948?

Perfección de lo humano

Mientras caminamos en este mundo los humanos experimentamos que el mayor bien es pequeño y siempre buscamos dar un paso más. Somos libres y queremos ser autónomos, pero a la hora de la verdad nos vemos atados por nuestra propia condición limitada. Queremos ser felices pero los momentos de felicidad son muy efímeros.

Según la fe o experiencia cristiana, en la encarnación la divinidad no elimina ni aminora a la humanidad, sino que la afirma y hace que llegue a su plena realización. Confesamos que Jesucristo, Hijo de Dios es también el "hombre perfecto", la nueva humanidad.

Si por otro lado también confesamos que la encarnación en cierto modo tiene lugar en todas las personas humanas, debemos concluir que Dios es su futuro, una Presencia de amor que perfecciona los más profundos anhelos que respiramos las personas: libertad, autonomía y felicidad.

El reclamo de libertad es un signo de nuestro tiempo que ya pujaba con fuerza cuando, hace sesenta años, se celebró el Concilio: "La orientación del hombre hacia el bien sólo se logra con el uso de la libertad, la cual posee un valor que nuestros contemporáneos ensalzan con entusiasmo". Y la Iglesia ve ahí un signo del Espíritu: "La verdadera libertad es signo eminente de la imagen divina en el hombre. Dios ha querido dejar al hombre en manos de su propia decisión para que así busque espontáneamente a su Creador y, adhiriéndose libremente a éste, alcance la plena y bienaventurada perfección".

Ya en ese mismo número del documento conciliar se avisa del peligro: "Con frecuencia, sin embargo, se fomenta la libertad de forma depravada, como si fuera pura licencia para hacer cualquier cosa, con tal que deleite, aunque sea mala". Pero la fe o experiencia de Dios revelado en Jesucristo no se puede quedar en denunciar los peligros. Tiene que abrir horizonte para que el ejercicio de la libertad promueva y perfeccione a las personas.

En la Ilustración el grito de libertad fue clamoroso y viene saliendo una y otra vez en reclamos de los últimos siglos. A partir de la revolución francesa los burgueses liberales ocuparon los tronos de los señores feudales, y la mayoría quedaron diezmados en el ejercicio de su libertad. En una organización económica con la ideología o interés de sacar el mayor beneficio individualista utilizando a los demás y acosta del bien común, cada vez son más los excluidos y esclavizados.

Buscando una salida para la convivencia se inventó el eslogan: "mi libertad termina donde comienza la libertad del otro". En esa perspectiva, el otro, de algún modo, es visto como un enemigo para el ejercicio de mi libertad. Lógicamente si puedo lo elimino. En esa lógica estamos viendo cómo, en las relaciones de mercado, la sana competitividad para conseguir nueva meta, degenera en rivalidad a muerte.

Las Constituciones de los Estados proclaman el derecho de los ciudadanos a la libertad. Pero el ejercicio de la misma es burlado muchas veces por una organización social injusta donde la codicia insaciable prevalece sobre la dignidad de las personas.

En sociedades tradicionalmente religiosas como la española, Dios y la religión eran referencia y cobertura para mantener una conducta moral de las personas cuya libertad no contaba gran cosa. Al caer esa cobertura, la persona es puesta en manos de su propia decisión. Puede hacer lo que quiera con tal de que deleite. Pero ¿pero no quedará esclavizada por sus instintos y a la larga decepcionada?

El Dios revelado en Jesucristo, promueve la libertad de la persona desde dentro de ella misma. En su intimidad, cuando la persona escucha esa Presencia de amor en que habita, entiende que también el otro está siendo amado y tiene derecho a la libertad: "solo en el amor a la libertad crecen las alas" Así entiende que el ejercicio de su propia libertad es verdaderamente humano cuando hace lo posible para que el otro pueda ser libre. Una visión cristiana de Dios que puede ser fecunda no sólo en las relaciones interpersonales, sino también en la organización de la sociedad.

La legítima autonomía es otro reclamo bien notorio en nuestra sociedad; queremos gestionar el desarrollo de la creación sin que lo impidan los dioses. Pero ya los mismos conciliares en el Vaticano II constataron que "muchos de nuestros contemporáneos parecen temer que, por una excesivamente estrecha vinculación entre la actividad humana y la religión, sufra trabas la autonomía del hombre, de la sociedad o de la ciencia".

En nosotros mismos los humanos tenemos facultades para descubrir leyes y mecanismos de las realidades creadas. Podemos utilizar nuestros conocimientos según creamos conveniente sin acudir a dioses ni a prácticas religiosas.

Con el desencantamiento religioso del mundo, la modernidad ha dado un paso adelante bien significativo. Ha desmontado una imagen de Dios que desde arriba controla todo e interviene milagrosamente cuando le parece para cambiar el curso de los procesos naturales. En consecuencia, este paso adelante de las personas que actúan con autonomía como si Dios no existiera, exige que los cristianos pensemos qué decimos cuando decimos Dios.

Pero estamos viendo que, en nuestro mundo con su deslumbrante desarrollo técnico, la autonomía degenera en imperialismo, pretensión de crecer dominando y sometiendo al otro. El ser humano niega su condición de criatura; como Adán y Eva se esconde de su Creador. Pretende construir la torre de Babel por su cuenta para llegar al cielo. Pero fracasa; su deslumbrante desarrollo se convierte en amenaza contra su propia seguridad.

En la perspectiva de la encarnación continuada, nuestro "yo" humano es imagen del Creador cuya presencia de amor nos constituye, habla en nuestra conciencia y hace posible que seamos "autónomos", actuemos siendo nosotros mismos. En otras palabras, nuestra autonomía está fundamentada y promovida por la teonomía.

No nos referimos a una divinidad que está en las alturas alejada de nosotros. En la perspectiva de la encarnación continuada, me refiero a la presencia de Dios grabada en lo más íntimo de nuestra intimidad. Así se comprende que la moral cristiana es una moral inspirada en la gracia o experiencia de Dios amor cuya imagen somos y cuya voz escuchamos en nuestra conciencia.

Cómo ser feliz. Es otro imperativo en nuestra cultura. Desmontadas las éticas impuestas desde la religión y en una sociedad con todas las oportunidades para la diversión si tienes dinero, las personas tratan de ser felices.

Lamentablemente muchos perciben a Dios y a la moral cristiana como aguafiestas de todo lo que signifique amor, placer o diversión. Hace unos años se pusieron de moda autobuses ateos; en uno de ellos destacaba un rótulo: "probablemente Dios no existe; deja de preocuparte y disfruta de la vida". Dios se percibe como el que se opone a la felicidad. Y esa percepción se afirma viendo a creyentes cristianos con cara de cuaresma y con reparos hacia las manifestaciones de amor o felicidad en la tierra, so pretexto de que la existencia humana solo tiene sentido con sacrificios y mortificaciones para conseguir la felicidad eterna después de nuestra vida en la tierra que es como una mala noche en una mala posada.

En esa impresión que a veces damos los cristianos puede influir un cierto pelagianismo y una visión sesgada de la fe.

Un cierto pelagianismo: pretensión de ganarnos el cielo con nuestras obras y nuestros méritos, olvidando que nuestras obras buenas y nuestros méritos están inspirados por Dios, esta Presencia de amor que llamamos gracia.

Y una comprensión muy corta de la fe cristiana como creencia o aceptación sumisa de verdades formuladas por quienes tienen autoridad. Es la visión de la fe sutilmente criticada en un dicho sugerente: "Si creer en Dios no te hace feliz, deja de creer en Dios, porque a Dios le importa más tu felicidad que tu fe". Pero la fe cristiana vivida como experiencia de que estamos siendo habitados por una Presencia de amor tiene que ser motivo de la felicidad.

Aunque siempre amenazados por el egoísmo, el amor humano, la felicidad, el placer y la diversión deben entrar en la moral cristiana como valores positivos que no son anulados sino promovidos por la Presencia amor de algún modo encarnada en esos valores. Fue bien significativo en 1979 el estudio del R. Larrañeta con el título "Una moral de felicidad".

El amor, el placer y la diversión tienen su propia consistencia. Pero el amor tiene que superar el egoísmo, los momentos de placer pasan apenas llegan, y la diversión solo entretiene. Los achaques físicos o psicológicos a veces pesan más que los momentos de bienestar; y ante las amenazas de la muerte, caen todos nuestros andamios, y se ponen en entredicho las promesas del amor.

Es aquí donde el evangelio de Dios amplía el horizonte. Como Presencia de amor en que todos y todo habitamos, deja su impronta en todos los seres humanos que en sí mismos son amables; y en esa perspectiva sus mismos defectos pueden quedar comprendidos, perdonados y aceptados. Así la experiencia de Dios como presencia de amor se puede vivir en el amor humano, puede curar la herida del egocentrismo que destruye a ese amor, y garantiza su intención de eternidad más allá de la muerte.

Jesús de Nazaret fue hombre feliz. Sin duda vivió momentos de felicidad en su existencia participando en la comunidad judía de Nazaret. Sus relaciones humanas, su trabajo, sus prácticas como judío piadoso le brindaron momentos de bienestar y dieron sentidos parciales a su existencia. Pero, según los evangelios, su actividad como profeta itinerante discurrió marcada por la incomprensión y el rechazo de las autoridades religiosas y civiles. Sufrió momentos de oscuridad, tentación y crisis. Pero su experiencia mística de intimidad con el Padre, y su amor compasivo, le sostuvo hasta morir con libertad y por amor. El Crucificado murió con dolor, pero respirando amor y confianza. En aquella muerte se reveló la transcendencia y poder de Dios en el amor humano capaz de vencer a la muerte.

Muriendo con dolor, pero en la confianza de que su presente y su futuro están habitados por la Presencia de amor que es el "Abba", el Crucificado indica ya la clave para ser felices. No se trata de una alegría pasajera, de una satisfacción efímera que, una vez alcanzada, sigue pidiendo siempre más, en una espiral de avidez donde el espíritu humano nunca está satisfecho, sino que más bien siempre está más vacío. Necesitamos una felicidad que se realice definitivamente en aquello que nos plenifica, es decir, en el amor, para poder exclamar, ya desde ahora: Soy amado, luego existo; y existiré por siempre en el Amor que no defrauda y del que nada ni nadie podrá separarme jamás

En esa experiencia mística es posible intuir el programa evangélico de las Bienaventuranzas o camino para llegar a ser feliz tejiendo la existencia con sentido.

El programa es parte del Sermón de la Montaña: "Al que te abofetee en la mejilla derecha, ponle también la izquierda; al que te lleve a pleito para quitarte la túnica, dale también el manto; amad a vuestros enemigos y rogad por quienes os persigan". En esa perspectiva se proclaman las Bienaventuranzas: "Felices los pobres, los humildes, los de corazón limpio, los compasivos, los que trabajen por construir la paz, los perseguidos por causa de la justicia"

¿Cómo puede ser éste un camino de felicidad? ¿quién puede cumplir este programa?

Unos dicen que el programa es para una pequeña élite; pero Jesús habla para todos, "habló viendo a la muchedumbre". Lo que Jesús dice en el Sermón de la Montaña tampoco es una ley que se impone sin más pues no es posible cumplirla e intentarlo parece inútil. El mismo Jesús cuando le abofeteó un soldado, no puso la otra mejilla. Se puede pensar que ahí se apunta solo una mentalidad; pero el Evangelio pide una conversión, un cambio de vida.

Hay que concluir que el Sermón de la Montaña, como el programa para ser feliz, son la entraña de la novedad cristiana, y es para todos. Un camino posible gracias a la encarnación continuada de Dios en la intimidad humana. La novedad que brota en los seres humanos cuando se abren a esa Presencia de amor en que habitan. Entonces la persona humana es feliz siendo misericordiosa, compartiendo con los pobres cuanto es y cuanto tiene, trabajando por construir la paz y rectificando lo torcido. Entiende, con el corazón, que se realiza de verdad gastando su vida por una humanidad fraterna sin discriminaciones. Esa felicidad prometida en el programa de las Bienaventuranzas según san Mateo, no es el fruto de ascesis sino la versión práctica de una experiencia mística que da luz y energías nuevas.

Valga como ejemplo la primera bienaventuranza: "Felices los que viven con espíritu de pobres".

Ante los excluidos social o religiosamente, por cualquier motivo, sean o no culpables, la compasión brota espontáneamente. No porque lo mande una divinidad desde los cielos, sino porque es un sentimiento humano que, según la fe cristiana, responde a la Presencia de amor compasivo cuya huella está en la entraña de la humanidad.

La primera reacción ante la situación excluyente que sufre una persona, es dejarnos alterar, y prestar ayuda para que salga de la postración. La beneficencia es lo mínimo que podemos hacer.

En un segundo momento esa compasión nos lleva sin remedio a no aceptar complicidad y a combatir las causas que la generan o mantienen la exclusión.

Lo más duro es ver que no puedes satisfacer tantas carencias ni curar tantas heridas. Por otro lado, parecen insignificantes y hasta inútiles todas las denuncias y compromisos para combatir esas fuerzas diabólicas que prostituyen a los sistemas, enferman a la sociedad y denigran a las personas.

Aquí cabe dar un paso más. Al vivir uno mismo la pobreza de ser criatura limitada, se nos ofrece la oportunidad para salir del egocentrismo y abrirnos a esa Presencia de amor que nos permite crecer en humanidad por libre inmersión en ella. Hasta la perfección puede llevarnos la palabra de Dios en los excluidos.

Se participa la Presencia compasiva de Dios revelada en la conducta de Jesucristo. Es una pobreza que da la felicidad porque implica la satisfacción y el gozo de responder a lo más íntimo de nuestra intimidad.

Desde ahí se vislumbra que Jesús de Nazaret, en su mismo y doloroso anonadamiento, fue libre y feliz. En el "Magníficat" María de Nazaret se siente agradecida y dichosa porque, siendo pobre y saliendo de su egocentrismo, experimenta la mirada benevolente o Presencia de Dios "mi salvador".

Como frailes predicadores, es normal nuestra sintonía espiritual con Santo Domingo. Siendo profesor en la naciente universidad de Palencia y entregado celosamente al estudio, al ver las carencias de los pobres, vendió sus valiosos apuntes para dar el importe a los necesitados. Para el fraile dominico el necesario estudio serio y continuo, solo es fecundo inspirado en la compasión.

La pobreza evangélica va cuajando en un proceso de crecimiento en la fe o experiencia de Dios compasivo a lo largo de nuestra historia personal. Hay que meditar el sermón de Eckhart "*Beati pauperes spiritu*". La Sabiduría ha dicho "Bienaventurados los pobres". Ahora bien, hay dos clases de pobreza:

- La primera es una pobreza exterior. Es buena y muy noble en el hombre que la soporta por amor a Nuestro Señor Jesucristo quien la sufrió él mismo en la tierra.

- Pero hay otra, la pobreza interior: "El hombre pobre no quiere nada, no sabe nada... Es necesario que el hombre se despoje de todas las cosas y de todas las obras tanto interiores como exteriores, hasta el punto de poder ser el lugar apropiado para que Dios pueda operar en él". Hay en el fondo de esta radicalidad una experiencia mística de Dios, cuya gloria y cuyo poder se manifiestan en la misericordia.

Concluyendo. Dios revelado en Jesucristo, a todo da vida y aliento. Desde dentro de la humanidad y en el transcurso de la historia no sólo está presente y fundamenta los reclamos de libertad, autonomía y felicidad que respira hoy el ser humano. Abre horizonte y la posibilidad de que esos reclamos encuentren satisfacción plena. Es la buena noticia de Jesucristo evangelio viviente.

9. En la noche oscura del sufrimiento

El sufrimiento revela nuestra finitud y radical dependencia ¿Cómo relacionarnos con esa sombra que una y otra vez oscurece a nuestra vida? El mal y el sufrimiento cuestionan la misma existencia de Dios bueno y todopoderoso ¿Qué sentido pueden tener desde la fe o experiencia cristiana el mal y el sufrimiento causado por la violencia humana, por nuestra misma caducidad y por las incontables catástrofes naturales? ¿Será verdad que, también, cuando llegan las noches oscuras, esa Presencia de amor a todo da vida y aliento? ¿Se hará justicia por fin a tantas víctimas de la barbarie histórica?

Desde la fe o experiencia cristiana de Dios como Presencia de amor, el mal y el sufrimiento tienen que obedecer a otras instancias. Se dirá que la enfermedad, y las catástrofes naturales son propias de la humanidad y del cosmos todavía en proceso de realización. Sin duda la injusticia y el atropello que sufren los pobres, las guerras y la violencia en las relaciones humanas están causadas por la libertad todavía esclavizada bajo la egolatría. Pero si todo sucede en Dios como presencia de amor ¿a qué se reduce esa Presencia?

Aproximaciones

Hay un sufrimiento por deficiencias o limitaciones físicas o psíquicas que vamos paliando gracias a nuestros avances en medicina o psicología. Con narcóticos y sedantes logramos acabar nuestros días sin dolor.

La mayoría de la humanidad hoy sufre por la injusticia y la violencia. Una cultura generalizada funciona con la lógica de la codicia insaciable. Y así es cada vez más escandalosa la exclusión de muchos que solo tienen derecho a ser insignificantes y olvidados en la cuneta del camino. Una lógica que muestra su perversidad en el proceso de mundialización donde todos estamos interrelacionados, y donde aumenta cada día la pobreza escandalosa causada mientras pocos acaparan los recursos.

Hay otro sufrimiento en el proceso de disminución inevitable que se agrava en las innumerables enfermedades y el proceso de acabamiento en los últimos años de vida.

Y también hay en la vida desgracias que nos dejan sin palabras en el abandono y la soledad. Pensemos en las catástrofes naturales tan frecuentes en los últimos años. Acontecimientos donde parece que solo queda espacio para la maldición o el silencio: ¿por qué sufren los inocentes? ¿por qué un terremoto, un volcán, la inundación, matan a las personas y destruyen los poblados? ¿por qué la enfermedad y la muerte, sin dar explicaciones, cortan la trama de nuestra vida? ¿no estaremos en manos de la fatalidad y del vacío? ¿por qué, si Dios existe, no evita esas y otras desgracias?

Dos caminos de solución. Tanto el budismo como el cristianismo toman en serio el mal y el sufrimiento que hacen dura y oscura la existencia humana, matando nuestro deseo de vida y de felicidad.

Nacido cuatro siglos antes de Jesucristo, el budismo toma en serio el mal y el sufrimiento. Los seres humanos sufren por el desmedido orgullo y el deseo de lo que no pueden conseguir, el camino propuesto para superarlo es renunciar a todo deseo, entrando en comunión con la totalidad, con el "nirvana". De esta forma el mal y el dolor se reducen a nada.

El cristianismo parte de una fe o experiencia: todo sucede en Dios, Presencia de amor también en nuestros males y fracasos. Esta experiencia es clave para situarnos ante las limitaciones y el sufrimiento que de algún modo son anejos a nuestra condición de criaturas y de personas siempre tentadas a cerrarnos en nosotros mismos.

Algunas referencias. Desde las primeras páginas del Génesis, Dios aparece como dador de vida: "y vio que todo lo hecho era bueno". El destino para los humanos es el paraíso, símbolo de la felicidad. El mal que sobreviene por la soberbia, falso endiosamiento y envidia, queda al otro lado de Dios. Y según el mismo relato, el Creador se pone a disposición del ser humano para combatir y vencer al mal. Cuando en el destierro algunos se quejan de que Dios es injusto, el profeta Ezequiel reacciona: "Oíd casa de Israel ¿no es justo mi camino y vuestros caminos injustos?"

Cinco siglos antes de Jesucristo, es reveladora la figura bíblica de Job que no es judío, sino de Us. La persona humana "cabal y recta que teme a Dios y se aparta del mal"; alguien que vive en cualquier región del mundo, y se plantea el interrogante del sufrimiento del inocente.

Primero Job guarda silencio "durante siete días y siete noches". Hay situaciones tan oscuras que nos dejan sin palabras. Luego se ven distintas reacciones: "Dios me lo dio, Dios me lo quitó", "muera el día en que nací".

Los amigos de Job traen explicaciones tradicionales: Dios castiga a los malos; luego Job o sus familiares no son inocentes; habrán cometido alguna falta y sufren el castigo. Pero Job rechaza esas explicaciones tradicionales; son "argumentos de polvo y réplicas de barro; palabras vacías y engañosas".

El conflicto de Job es con el mismo Dios: "Quiero hablar al Poderoso, quiero defenderme". Y empieza: "Deja ya de castigarme, aparta de mi tu terror ¡hazme saber mis ofensas y pecados!".

Entonces oye la voz de Dios: "Si eres valiente, prepárate; yo te preguntaré y tú me responderás". Se describen las maravillas de universo donde hay tantos misterios ignorados por Job que hace suya la recomendación de la Sabiduría: "Sé que eres todopoderoso, y ningún proyecto te es irrealizable; yo te conocía de oídas, pero ahora te han visto mis ojos. Por eso me retracto y me arrepiento", cayendo en la cuenta de que, si en el mundo hay muchos males, también hay maravillas.

Da la impresión de que, en el libro de Job, el sufrimiento del inocente se interpreta como una prueba de Dios, quien acaba dando al justo el doble de riquezas tenidas antes de la prueba. En todo caso, cae una imagen de Dios recibida del pasado que envía males para castigarnos por nuestros delitos.

Cuando encontramos estas realidades creadas, las encasillamos en nuestras categorías conceptuales, y así de algún modo nos adueñamos de ellas. Pero al encontrarnos con ese misterio que llamamos, no cabe ese dinamismo de posesionarnos; su realidad es siempre mayor, no cabe en nuestras cabezas y exige una reubicación. Dejar a Dios ser Dios es punto de partida elemental cuando llega el sufrimiento del inocente.

Viene bien aquí la experiencia mística de san Juan de la Cruz: "Para esta unión con Dios, no es el entender del alma, ni gustar, ni sentir, ni imaginar a Dios, ni de otra cualquiera cosa, sino la pureza y el amor, que es desnudez y resignación perfecta de lo uno y de lo otro solo por Dios".

He conocido a personas en silla de ruedas que, desde y en el sufrimiento, se han hecho más humanas, respiran sabiduría, transmiten paz y confianza. Son la expresión de una Presencia de amor en que todos habitamos y que se manifiesta viva y seductora cuando vamos aceptando la salida de nuestras falsas seguridades.

Con frecuencia se dice que después de Auschwitz, no es posible creer en Dios. Pero ¿qué contenido damos a esa palabra?

Da la impresión que, en Auschwitz, como en tantos genocidios que seguimos lamentando en nuestros días, está cayendo la imagen de una divinidad fabricada por nosotros, alejada en las alturas, milagrera y tapa agujeros; gendarme que desde el cielo vigila y apático está viendo cómo nos matamos unos a otros. E. Wiesel, testigo en el campo de Auschwitz, confiesa "Dios y mi alma fueron asesinadas en el Holocausto". Caen por tierra una divinidad todopoderosa cuya imagen nos fabricamos. La muerte del inocente Jesucristo a quien los cristianos confesamos el Hijo, nos saca de nuestras casillas.

Si creemos en que Dios es Presencia de amor en que todos los humanos habitamos, debemos concluir que está en todo. Pero unas veces como en casa propia y otras como extraño, ya que muchas veces pretendemos ser absolutos aplastando a sus semejantes. Por eso en vez de preguntarnos dónde estaba Dios en Auschwitz, o más recientemente en Gaza o en Ucrania, la pregunta se hace a nuestra humanidad: ¿dónde estaba el ser humano imagen del Creador que quiere la vida para todos? Cuando en el corazón de Europa moderna se quemaba impunemente a los judíos ¿dónde estaban los millones de bautizados y seguidores de Jesucristo?

Utilizar a Dios como pretexto para encubrir la fragilidad y crueldad de la humanidad, es burda blasfemia contra esa Presencia de amor revelado en Jesucristo. Ni siquiera en los campos de extermino la crueldad logró apagar esa Presencia. Creo que muchos judíos injustamente masacrados murieron confiando en Dios.

La Iglesia ha proclamado testigos creíbles a personas cruelmente sacrificadas en Auschwitz como Ediht Stein que hasta el final fue ayuda y confianza para los condenados al horno encendido; testigo de la presencia de Dios amor en la condición humana. En esa misma experiencia de Dios amor el mártir franciscano Maximiliano Kolbe, para salvar a un padre de familia, ocupó su puesto en la lista de los sentenciados a muerte. Cuentan que Rudolf Höss, comandante nazi ("animal de Auschwitz") mandó matar a miles de judíos. Después de la guerra, en el juicio para condenarle, declaró que había cumplido órdenes. Pero dijo que no había podido olvidar la mirada de una madre pidiéndole de rodillas que no matase a sus cinco hijos pequeños, pero él ordenó matarlos. Esa declaración da pie para pensar que, en el corazón humano, aunque sea de un criminal, está la semilla de la compasión o presencia de Dios misericordioso. Podemos hacer que brote para ser nosotros mismos amando a los demás, y podemos sofocarla negando nuestra condición humana y siendo verdugos para los demás. Hemos sido puestos en manos de nuestra propia decisión.

Estas referencias no demuestran nada. Pero sí apuntan hacia una visión de Dios, Presencia de amor siempre mayor, que continuamente nos sostiene, y nos puede seducir.

¿Dios sufriente?

Destacados novelistas como F. Dostoievski y A. Camus no pueden aceptar una creación en la que sufren los inocentes. En el fondo expresan bien el interrogante generalizado: si existe Dios bueno y poderoso cómo no interviene para evitar esos males y el sufrimiento que implican. Pero hay el peligro de que pensemos a Dios como un ser más circunscrito a un tiempo y un espacio, aunque todopoderoso. Si es Presencia de amor que está en todos y en todo dando fuerza y aliento, ese planteamiento no vale.

Por contraste, es reveladora la meditación del escritor judío Elie Wiesel sobreviviente de Auschwitz: Un día, cuenta que, regresando del trabajo, encontraron en el patio a tres compañeros encadenados que iban a ser colgados. Momentos antes de ser ahorcados los dos adultos gritaron ¡viva la libertad! Cuando le tocó el turno al niño los adultos ya habían expirado. El niño estuvo media hora luchando entre la vida y la muerte, luchando hasta morir lentamente asfixiado. En ese momento E. Wiesel volvió a escuchar, detrás de sí, la misma pregunta de hacía unos minutos: "¿Dónde está Dios?". "Sentí", recuerda, «una voz que, saliendo de mí, respondía": "¿Dónde está? Ahí está, está colgado ahí, de esa horca…".

Como expresión terrible del mal, Auschwitz también es revelación gracias a la fe y a la valentía de muchos mártires judíos. Jesús de Nazaret fue un piadoso judío apasionado por ser fiel al núcleo central de la Ley proclamado una y otra vez por los profetas. Los cristianos proclamamos a Jesucristo como alianza nueva que no invalida, sino que supone y culmina las alianzas de la historia bíblica. Jesús fue condenado por algunas autoridades judías infieles a la verdadera y viva tradición de esa historia. Y es hora de preguntarnos ¿No estaba Jesucristo en Auschwitz siendo crucificado con su pueblo?

Este interrogante abre paso a que nos acerquemos a la fe o experiencia cristiana sobre Dios, confesada en el Concilio de Nicea, año 325. En la filosofía griega, reflejo de la cultura generalizada, era impensable una divinidad que pudiera sufrir. Precisamente por eso un presbítero alejandrino llamado Arrio lanzó la tesis: como Jesucristo sufrió, es semejante pero un poco inferior a Dios. Como el sufrimiento de Jesús está confirmado en los evangelios, para soslayar la tesis de Arrio, algunos dijeron que el sufrimiento no era real, solo apariencia.

En ese contexto san Atanasio defiende la fe o experiencia cristiana que confesaron los obispos en el Concilio de Nicea: "Creemos en un solo Dios, Padre todopoderoso, creador de todas las cosas visibles e invisibles; y en un solo Señor Jesucristo, el Hijo de Dios; unigénito nacido del Padre, es decir, de la sustancia del Padre; Dios de Dios, luz de luz, Dios verdadero de Dios verdadero; que por nosotros, los hombres, y por nuestra salvación bajó y se encarnó, se hizo hombre, padeció y resucitó al tercer día".

En esa confesión los obispos proclamaban la fe de Jesucristo transmitida por los primeros cristianos: "yo y el Padre somos uno; quien me ve a mí, ve al Padre, hago las obras del Padre". En consecuencia, en esa confesión se unen Dios y el sufrimiento.

Para la mentalidad religiosa que previamente se fabrica la imagen de una divinidad todopoderosa en las alturas, esa fe o experiencia cristiana es un escándalo, una locura. Ya lo dice San Pablo en una carta a la comunidad de Corinto. Pero la Iglesia se mantuvo fiel a esa confesión. Después de Nicea y dentro de la misma comunidad cristiana, algunos seguían empeñados en separar a Dios del sufrimiento, y así decían que la Virgen María era madre del hombre Jesús, pero no de Dios; reunidos de nuevo los obispos en el concilio de Éfeso, 431, confesaron la verdadera fe: la Virgen María es madre de Dios, era la fe del pueblo cristiano que, según cuentan, esperaba con antorchas encendidas la salida de los padres conciliares. Veinte años después el concilio de Calcedonia ratificó la confesión: "en Jesucristo divinidad y humanidad van inseparablemente unidas. En consecuencia, siendo de condición divina, sufrió".

Según esta fe cristiana, podemos y debemos decir que Dios, Presencia de amor, está presente y activo en el sufrimiento, pero encarnado en la humanidad que vence al sufrimiento abriéndose a esa Presencia. Así lo confesaban los primeros seguidores de Jesucristo. Un himno que trae la carta a los cristianos de Filipo celebra: "Jesucristo siendo de condición divina, se humilló a sí mismo haciéndose obediente hasta la muerte de cruz". Lo dice de otra forma el prólogo del cuarto evangelio: "Dios es Palabra que continuamente se autocomunica dando vida, y esa Palabra se hace carne, condición humana en cuya debilidad está el sufrimiento".

Jesús muere crucificado ratificando la encarnación o presencia de Dios amor en condición humana. Su muerte fue dolorosa, pero con amor. Cuando el Crucificado agonizaba, Dios no estaba en el cielo contemplando desde lejos cómo mataban al Inocente. Ni satisfecho porque la muerte de Jesús reparaba su honor ofendido. Esa Presencia de amor estaba dentro del Crucificado, dando fuerza y aliento para la entrega libre y total de la humanidad por amor.

Anteriormente dijimos que el poder de Dios se manifiesta como amor que se concreta en la compasión y en la misericordia. Si trascendencia no significa alejamiento y exceso de poder, sino trascendencia y exceso en el amor, llega incluso a estar sufriendo con nosotros. Pero no sin nosotros. Ante los desastres que sufrimos la pregunta no es dónde está Dios, sino dónde está el ser humano que se esconde de la Presencia de Dios. En Jesucristo que muere por amor está el ser humano abriéndose totalmente a esa Presencia de amor y venciendo así al sufrimiento. Es el significado de la resurrección.

Según los filósofos de la sospecha, Dios no es más que una creación ilusoria en la que el ser humano proyecta lo mejor que tiene y así se empobrece. Según la fe cristiana, Dios presencia de amor encarnada en la humanidad, es capaz de sufrir hasta la muerte. En la Cruz los cristianos celebramos la presencia de Dios, cuyo poder en el amor nos trasciende, y la llegada de la nueva humanidad totalmente transformada y seducida por esa presencia gratuita de amor. Es evidente que en nuestra sociedad está muriendo una imagen de Dios todopoderosos que se impone desde arriba y a fuerza. Esa muerte puede ser oportunidad para experimentar y abrirnos a la Presencia de amor que, desde nuestra intimidad nos lleva más allá de nosotros mismos y viviendo como hermanos de todos, podamos alcanzar nuestro ser más verdadero.

La encarnación de Dios continúa en nuestra humanidad que una y otra vez se levantan de sus propias cenizas. En hombres y mujeres, que movidos a la compasión, arriesgan su seguridad por ayudar a las víctimas de la injusticia, de la enfermedad o de las catástrofes naturales. En todos los movimientos de liberación que tratan de que las personas gocen de su dignidad y de sus derechos fundamentales. Impresiona la experiencia de Etty Hillesun, una joven judía víctima de la barbarie nazi; tiene conciencia de que en su entrega voluntaria y por amor, Dios mismo está venciendo al sufrimiento. Viene bien aquí la experiencia mística de San Juan de la Cruz: "Para esta unión con Dios, no es el entender del alma, ni gustar, ni sentir, ni imaginar a Dios, ni de otra cualquiera cosa, sino la pureza y el amor, que es desnudez y resignación perfecta de lo uno y de lo otro solo por Dios".

Sólo podremos anunciar a Dios revelado en Jesucristo –en todo igual a nosotros "menos en el pecado"– endo solidarios con los que sufren. La comunidad cristiana transmitirá esa revelación sumiendo el sufrimiento del mundo sin dejarse contaminar por los ídolos o falsos absolutos que destruyen a la humanidad. No vale ya una religión burguesa y tranquila en una sociedad desfigurada por la insaciable codicia que genera cada vez más víctimas y está matando a la humanidad.

10. Seréis mis testigos

Según el libro "Hechos de los Apóstoles", Jesucristo resucitado asciende a los cielos, y comienza el tiempo de la Iglesia: "seréis mis testigos". Y el verdadero y creíble testigo es quien ha vivido el acontecimiento. Por eso Jesucristo pide a sus seguidores que demos testimonio de su evangelio participando y respirando su misma experiencia en nuestra situación histórica y cultural. Eso es posible gracias al Espíritu Santo que, de algún modo, realiza en nosotros la encarnación continuada y hace que la Iglesia sea cuerpo espiritual de Jesucristo.

En nuestra reflexión teológica uno de los temas prioritarios ha sido el misterio de la Iglesia. Mirando a la situación de profunda reforma, con inevitables crisis, que se vienen fraguando desde el Concilio Vaticano II. Ahora solo apuntamos algunos aspectos que nos pueden ayudar.

"Presencia de Cristo viva y operante"

Fue la frase de Juan XXIII al convocar el Concilio refiriéndose a la Iglesia que debía renacer "para infundir en las venas de la humanidad actual la virtud perenne, vital y divina del Evangelio". Avivar la fe o experiencia mística era entonces y sigue siendo prioridad decisiva para la buena salud y la presencia pública de la Iglesia. Es el imperativo que se impone tras estas décadas en trabajosa recepción del Concilio.

Hemos conocido a la Iglesia como religión oficial de la sociedad española. Durante mucho tiempo sus orientaciones y la misma reflexión teológica, funcionaban a la defensiva de la sociedad moderna que irrumpía con nuevos aires de autonomía y de libertad.

A mediados del s. XX, el Concilio Vaticano II escuchó los justos reclamos del mundo moderno, en ellos discernió la llamada del Espíritu, y pasó del rechazo sin distingos, al diálogo para transmitir el Evangelio de modo creíble. Todo un proceso de encarnación.

La Iglesia sigue viva en la sociedad española. Hay muchos bautizados que tratan de re-crear en su propia historia la conducta de Jesús. Muchos religiosos que proclaman con su forma de vivir la encarnación del Inefable en la convivencia fraterna. Muchos obispos y sacerdotes que, apasionados por el Evangelio, siguen acompañando al pueblo fiel en este tiempo de cambio cultural brusco y confuso.

La Iglesia en la sociedad española, fue sensible a la preocupación renovadora del Concilio. Pero en general esa preocupación no caló suficientemente ni encontró cauces de respuesta. Hoy da la impresión de que las nuevas generaciones del clero y los religiosos no son tan sensibles a la renovación pedida por el Vaticano II, y más bien, buscan seguridad en formas tradicionales.

Lo vemos en algunos presbíteros y en algunos formadores religiosos, relativamente jóvenes, a quienes el Vaticano II les suena como algo del pasado lejano y hasta peligroso. Quizás los teólogos, presbíteros, religiosos o laicos que, siguiendo la invitación del Concilio, optaron por la renovación conciliar, se desentendieron de los cargos oficiales y relativizaron excesivamente las formas que también son esenciales en las prácticas sacramentales de la Iglesia. Si quienes fueron ocupando puestos de autoridad en el segundo periodo de postconcilio no entraron por esa línea renovadora, nada tiene de extraño que se pierda el espíritu de la reforma conciliar y nos instalemos de nuevo en un formalismo ya trasnochado.

Parece que muchos cristianos en este cambio que, de algún modo impone la nueva situación social y cultural, sufren gran confusión. Tienen el peligro de resguardarse de la intemperie al calor de pequeños grupos cerrados, o de caer en la indiferencia religiosa.

No valen solo respuestas intelectuales clarificadoras que, con pretensión de que nuestros puntos de vista se identifican sin más con la fe o experiencia cristiana, excomulgando a quienes no piensan o no actúan como nosotros. Es el gnosticismo actual que denuncia el papa Francisco en su Exhortación sobre la santidad: una fe cerrada en el subjetivismo, donde solo interesa y se valora una visión o una serie de razonamientos que supuestamente reconfortan e iluminan, pero donde la persona queda clausurada en la inmanencia de sus sentimientos y de su discurso.

Un problema hoy en nuestra comunidad cristiana es el desinfle, "la mundanidad" y acomodarnos a la superficialidad de la cultura que nos envuelve; incluso manteniendo una religiosidad ritual de cumplimientos para quedar tranquilos. Por eso es fundamental avivar la fe como experiencia mística que, según Juan de Cruz, "es

113

por amor, no ha menester distintamente entenderse para hacer efecto y afición en el alma, porque es a modo de la fe en la cual amamos a Dios sin entenderle". Ante la confusión, el desánimo y la tristeza que a veces respiramos los cristianos, en su primera Exhortación el papa Francisco pide avivar la fe o experiencia que es la entraña de la Iglesia: "El amor del Señor no se ha acabado; no se ha agotado su ternura; mañana tras mañana se renueva".

La Iglesia en proceso de construcción

Sin tanta publicidad como los medios dan a cualquiera que se declare cismático, hoy no faltan bautizados que nadan en la indiferencia y viven al margen de las orientaciones y prácticas religiosas de la Iglesia.

Quizás porque la Iglesia en la sociedad española frecuentemente se redujo al clero, que se presentaba como ejemplo de moralidad para el pueblo, y así se explica la difusión mediática que tienen los abusos de los clérigos.

Dada la relevancia social con poder que ha tenido la Iglesia en la sociedad española, hasta se comprende la fobia de algunos obsesionados en que pase del monopolio al expolio. Sin duda el hecho de que algunos bautizados abandonen a la iglesia o caigan en el indiferentismo nos interroga. Pero los verdaderos creyentes no debemos quedarnos en lamentaciones sobre la perdida de relevancia pública estatal, denunciando los fallos que hay en la Iglesia, y poniendo cara de cuaresma.

La cuestión de fondo es lo que entendemos por Iglesia y si realmente la amamos. La Iglesia se presenta como una sociedad visible con sus estructuras y formas humanas; que llevan la marca de la ambigüedad que todos llevamos. Pero ante todo es comunidad del Espíritu, es presencia activa de Dios amor revelado en Jesucristo. Una comunidad de fe, amor y esperanza. Es comunidad de personas que trabajan, que se alegran y sufren, que atienden a lo demás calladamente, que sufren momentos de crisis, que caen y se levantan, que oran y esperan cuando aparentemente no hay razones para esperar.

Presencia de lo divino en lo humano. Integrada por hombres y mujeres que respiran e intentan vivir la experiencia de Jesucristo. Comunidad visible como signo e instrumento de la íntima unión de la humanidad con Dios y de la unión de todo el género humano. Una experiencia que viven también muchas personas en el mundo que no están bautizadas en la Iglesia, pero se dejan seducir por el Espíritu.

Ansía ser lo que todavía no es. Pero la Iglesia se construye siguiendo la ley de la encarnación, como dinamismo vivo en el transcurso de la historia. La fe o confianza total solo puede terminar en Dios; es una virtud teologal. Los cristianos creemos en la "santa Iglesia"; pero ese artículo va precedido de otro: "creemos en el Espíritu Santo" que está en la Iglesia. Así confesamos que, gracias al Espíritu Santo continúa la encarnación en la comunidad cristiana.

Cuerpo espiritual y visible de Jesucristo en el proceso de la condición humana todavía en camino. Encarnación al ritmo de la humanidad que, con carga pesada, está subiendo la cuesta. En el dinamismo de la encarnación a largo del tiempo debemos interpretar las clásicas notas de la Iglesia.

Es una. Su entraña es la fe o experiencia de Jesucristo que se mantiene como tradición viva. El concilio Vaticano I, 1889, destacó bien esa dimensión: la Iglesia es una casa construida en donde los fieles deben permanecer, y en la que deben entrar los que están fuera. Pero la unidad no es solo algo hecho y estático, sino en proceso de realización.

Unidad misionera, siempre por hacer. De puertas abiertas. En camino de sinodalidad, despertando a ese elefante dormido que es laicado y desmontando la patología del clericalismo y del patriarcalismo que desfiguran el rostro evangélico de la Iglesia. Es el aspecto destacado en el Vaticano II que presenta el misterio de la Iglesia no solo ya hecha sino todavía por hacer.

Apostólica. La Iglesia se mantiene fiel a la tradición de los Apóstoles; para ello el Espíritu ha suscitado el ministerio de los obispos. Pero "apostólica" incluye otros dos aspectos: un estilo de vida que, siguiendo a Jesucristo, encarnaron los apóstoles; y el apasionamiento misionero que respiraron ellos. Y en este sentido la apostolicidad de la Iglesia se está haciendo en el tiempo.

Catolicidad. Una Iglesia universal como la misma fraternidad sin discriminaciones es ya realidad hecha en Jesucristo que derribó los muros de separación entre los pueblos. Pero todavía en camino y por hacer en la evolución de la familia humana dentro de la cual y como de la misma, está la Iglesia. En esa evolución se sigue actualizando la intervención del Espíritu en Pentecostés, para que la Iglesia sea misionera, fermento de fraternidad.

Para realizar esa misión, la Iglesia debe abrir sus puertas cerradas. Salir de su inculturación en Europa y abrirse a otras culturas orientales con sus visiones, patrones, simbolismos, instituciones y normas de vida. Además, ¿no sigue pesando excesivamente sobre la identidad y singularidad de las iglesias locales un excesivo centralismo en el Papa y en los dicasterios del Vaticano?

La santidad de la Iglesia debe ser concretada y vivida en las otras tres notas esenciales.

La Iglesia es una, no tanto por su buena organización con todo bien atado, sino por su santidad o seguimiento de Jesucristo que seduce.

Es católica, no como un imperio para dominar al mundo ni como una empresa multinacional; su expansión radica en la santidad y conciencia de que todos somos amados de Dios y en consecuencia hermanos.

Es apostólica, no solo por el encadenamiento histórico con los Apóstoles; sino por la participación en la fe o experiencia que vivieron y confesaron las primeras comunidades cristianas. Fe o experiencia que debe actualizarse cada día.

En la tensión de la Iglesia ya hecha pero todavía en proceso de hacerse, se comprende que la Iglesia es santa, pero al mismo tiempo pecadora. Una, pero caminando entre rupturas. Apostólica, pero con el lastre del egoísmo.

Católica, pero con muchas ataduras culturales que la cierran e impiden la universalidad.

Los cristianos todavía seguimos a Jesús "de lejos", como Pedro cuando los soldados llevaban preso al Maestro para condenarlo a muerte.

Tradición y tradicionalismo. Durante las décadas de postconcilio, dentro de un mundo cambiante, la Iglesia se ve llamada por el Espíritu al cambio. Y parece ineludible la tensión entre pasado y porvenir. No es fácil distinguir tradición de tradicionalismo, ni abrirnos a lo nuevo sin tirar por la borda la herencia recibida. Por eso hay que ver las tensiones y los conflictos en la Iglesia no solo normales sino también como manifestación de buena salud.

Nos toca vivir en un cambio rápido y alborotado. No es fácil actualizar la identidad cristiana en la búsqueda de nuevas versiones para la nueva y compleja situación.

La fe o experiencia cristiana se van concretando en distintas versiones a lo largo del tiempo.

Sigue con actualidad Y. Congar en *La tradición y las tradiciones,* 1964. Esa fe no se reduce a tradiciones o formas, pero no se vive ni se trasmite desencarnada. Para la renovación necesaria no vale borrón y cuenta nueva. Es necesario mantener la tradición o experiencia cristiana con discernimiento de las tradiciones o formas que deben ir cambiando. Se puede pecar por pretender ser fieles a la tradición viva sin unas formas, o por identificar sin más esa tradición con unas formas culturales y temporales.

De ahí la tensión entre quienes intentan actualizar la tradición viva en nueva situación cultural, y entre quienes viven preocupados por mantener esa tradición sin que se diluya en nuevos envases. Hoy se ve la tensión en el ámbito de la liturgia, en la interpretación de la Escritura, en la reflexión teológica y a la hora de transmitir el Evangelio. Cuando el papa Francisco, en la orientación del Vaticano II y leyendo los signos de nuestro tiempo, propone una Iglesia "en salida" como madre de corazón abierto, encuentra reparos incluso en algunos que han recibido un ministerio de autoridad en la Iglesia.

Por tradicionalismo, entiendo aquí una sacralización de formas y costumbres culturales como el único modo de mantener la verdadera tradición cristiana. Debemos recordar que incluso las formulaciones dogmáticas son necesarias, pero no agotan el contenido último de la fe cristiana. Las prácticas rituales, incluidos los sacramentos, exigen normas y formas visibles; pero si falta la experiencia de fe, pierden su razón de ser.

Jesús de Nazaret sufrió y descalificó el tradicionalismo en la religión judía de su tiempo cuando le acusaban: "¿Por qué no caminan tus discípulos según las tradiciones de los mayores y comen el pan con las manos impuras?". Y Jesús reacciona: "Dejáis a un lado el mandamiento de Dios para aferraros a la tradición de los hombres; hasta ahora se ha dicho, pero yo os digo; no se debe echar vino nuevo en pellejos ya gastados". Jesús fue el Profeta que, por ser fiel a la verdadera y viva tradición bíblica, murió condenado por religiosos judíos tarados por el tradicionalismo.

Se comprende que en el postconcilio y en un rápido cambio cultural no es fácil mantener la fidelidad a la tradición o experiencia cristiana sin cambiar formas y costumbres rituales. Pero el ritmo del cambio es lento, hay peligro de identificar la verdad con nuestros puntos de vista particulares y abandonar formas que parecen obsoletas, pero que siguen teniendo su valor para muchos.

Sin embargo, da la impresión de que hoy en la Iglesia es más peligroso el tradicionalismo. La pretensión de mantener o volver a formas y seguridades del pasado, impiden a la Iglesia ser signo creíble de Jesucristo y transmitir el Evangelio. Es verdad que este Evangelio como expresión de la fe o la experiencia cristiana no puede cambiar, pero cambian el tiempo y la cultura donde las personas viven.

En resumen, la Iglesia está siendo llevada al desierto para ver que hay en su corazón. Puede ser tiempo de gracia si la comunidad cristiana se hace permeable para nacer de nuevo a la llamada del Espíritu. Siguiendo la conducta de Jesucristo, debe ser en todo igual a los demás mortales; sin creerse por encima ni menos en contra del mundo, sino como parte de la familia humana. Excepto en el pecado, en su cerrazón a la Presencia de amor que es el misterio de Dios revelado en Jesucristo.

11. Capaz de dar vida a los muertos

En su carta a los cristianos de Roma que sufren persecución, San Pablo quiere llevar confianza: "Dios nos ama incluso cuando somos pecadores; nada ni nadie puede separarnos del amor de Dios revelado en Jesucristo". Y como ejemplo de esta confianza trae la figura de Abrahán "padre de todos nosotros". Escuchó la llamada: "Camina en mi presencia". A pesar de las dificultades y oscuridad del camino, se mantuvo fiel a esa llamada, "esperando contra toda esperanza, confió en Dios que da la vida a los muertos y llama a las cosas que no son para que sean". Y san Pablo añade que nosotros los cristianos ya vemos realizadas las promesas en Jesucristo muerto y vencedor la muerte.

Esperanza teologal

Llamados a ser más de lo que somos, los humanos vivimos siempre a la espera. Si lo que vemos venir es malo, caemos en tristeza; y en cambio nos alegramos cuando lo que viene es bueno. La espera madura en esperanza solo cuando esperamos lo bueno y nos abrimos confiadamente al porvenir.

Mientras vamos de camino, la esperanza se mantiene con objetivos y logros que van dando sentido a nuestra existencia. Pero esos logros y satisfacciones que en sí mismos tienen su valor, pasan apenas llegan. A lo largo de nuestra existencia vamos constatando que el mayor bien es pequeño, y la sombra de la muerte aminora el brillo de todas las medallas recibidas. Nuestro corazón sigue insatisfecho y llega el interrogante: en tantos afanes y proyectos que han ido dando sentido y razón de ser a nuestra vida ¿No habrá una situación o realidad que dé sentido y razón de ser a todos los sentidos y sinsentidos de nuestra historia?

No hay muchas razones para mirar confiadamente al porvenir. Nuestra sociedad está muy herida y el individualismo deforma el empleo de nuestros impresionantes progresos científicos. Podemos gestionar las realidades creadas sin acudir a Dios. Pero si pretendemos ser absolutos, nuestros adelantos pueden acabar con nosotros. En medio de injusticias sociales y guerras mortíferas parece utopía ilusoria el anuncio de los profetas: "todos los pueblos se reunirán en una mesa común; ya no se adiestrarán para la guerra; de sus espadas harán azadas y de sus lanzas podaderas".

La comunidad cristiana, en la situación actual de nuestra sociedad, tiene que navegar en una cultura que es como un mar abierto y revuelto. Se nos pide salir de seguridades "sociales" e ir hacia la otra orilla. El cansancio, los miedos, la tristeza y el desánimo nos amenazan y paralizan.

"Esperanza que no defrauda". Nuestra existencia sobre la tierra se ha ido manteniendo con esperanzas y logros pasajeros que no llenan nuestro deseo. Los deslumbrantes avances de la humanidad en la gestión de las realidades creadas, en un primer momento parecen abrir futuro. Pero

la mirada positiva se apaga cuando vemos que la codicia insaciable, la violencia y la injusticia oscurecen la faz de la tierra, y todo lo echan a perder.

Hubo un tiempo en que incluso los cristianos pretendíamos apoyar nuestra esperanza en la exitosa presencia pública de la Iglesia. Los destrozos que estamos sufriendo en el mundo y el mismo declive social de la Iglesia, recomiendan abandonar esta presunción ilusoria, y buscar otro fundamento más sólido para seguir confiando.

Desde la fe o experiencia cristiana, el fundamento, la roca firme, solo puede ser Dios, esa Presencia de amor, que a todo da vida y aliento. En otras palabras, fe o experiencia teologal de que caminamos salvados en una esperanza "que no defrauda": fundamentados y sostenidos por la Presencia de amor, gracias a la cual podemos afrontar nuestro presente. Aunque sea un presente fatigoso, se puede vivir con serenidad si lleva hacia una meta, y si esta meta es tan consistente que justifique la oscuridad y la dureza del camino.

Es la esperanza que respira y dinamiza la historia de la revelación bíblica. Mientras avanza por el desierto, una y otra vez el pueblo liberado de la esclavitud en Egipto, encuentra dificultades y su confianza se tambalea. Entonces busca firmeza en falsos absolutos o ídolos que tienen los pies de barro. Pero los verdaderos creyentes reaccionan apuntando que solo Dios, presencia de amor, es roca firme para seguir adelante.

Es bien significativa la denuncia de los profetas contra la idolatría del poder. Cuando el pueblo se encuentra entre dos grandes imperios, lo más sensato políticamente parece optar por el pacto de sumisión al más poderoso. Pero los profetas recomiendan algo extraño: la neutralidad; no poner la confianza en los imperios con su lógica del poder, sino en Dios protector del pueblo.

"Ay de los que bajan a Egipto por ayuda! En la caballería se apoyan y confían en los carros que abundan y en los jinetes que son muchos, pero no ponen su mirada en el Santo de Israel ni a Yahvé han buscado. En cuanto a Egipto, es humano, no divino; sus caballos son carne, no espíritu". En esa fe recomienda el profeta Isaías: "Si no os afirmáis en mí, no seréis firmes".

La confianza en la Presencia de amor que nos constituye, permite seguir mirando al porvenir incluso cuando nos fallan todas las apoyaturas. Es la confianza del profeta: "Aunque la higuera no echa yemas y las viñas no den fruto; aunque el olivo olvida su aceituna y los campos no den cosechas, aunque se acaban las ovejas del redil y no quedan vacas en el establo". Cuando ya no hay razones humanas para esperar, "yo me alegraré en el Señor, me gloriaré en Dios mi salvador: el me da pies como de cierva para caminar por las alturas encrespadas".

Es la confianza que una y otra vez celebra el creyente que compuso los salmos: "Solo en Dios halla descanso mi alma; de él viene mi esperanza. Solo él es mi roca y mi salvación; él es mi protector y no habré de caer. Dios es mi salvación y mi gloria; es la roca que me fortalece; ¡mi refugio está en Dios! Confía siempre en él, pueblo mío; ábrele tu corazón cuando estés ante él".

Es admirable la esperanza de Jesús cuya fuente sin duda es su intimidad con el "Abba". Cuando ya se ve amenazado de muerte por los "sabios e instruidos" arrogantes, sigue dando gracias por su asombro ante la recepción del Evangelio por los sencillos. Está convencido de que ocurra lo que ocurra, su futuro ya está habitado por la Presencia de amor que es el "Abba". Desde esa fe o experiencia Jesús vence las tentaciones de acaparar riquezas, de prestigio y de poder; de retener la seguridad de su propia existencia. Es la humanidad nueva totalmente libre y liberada.

En esa misma fe o experiencia participan los seguidores de Jesús. Y como en esa presencia de amor todos habitamos, la confianza que se apoya en la promesa de Dios hecha sí en Jesucristo, responde al deseo, chispa o huella de la divinidad que todos llevamos dentro. Según san Juan de la Cruz, "los ojos deseados que tengo en mis entrañas dibujados".

En el dinamismo de la encarnación. Esta esperanza teologal en cuanto confianza en Dios, no sucumbe a la oscuridad y el dolor que sufrimos en algunas ocasiones. A veces solo cabe un silencio ante la situación inexplicable del sufrimiento. Pero esa confianza nos da fuerza para encauzar el dolor, para resistir y para seguir adelante.

Una confianza que no se apoya en nuestros sacrificios para ganar el cielo. Brota de nuestra fe o experiencia de Dios, Presencia de amor siempre activo. No significa creer que, por su intervención divina y milagrosa, todo en el mundo va a cambiar de la noche a la mañana. Ni que todos los cristianos, seducidos por el Espíritu, seremos santos de golpe. Ni que un ángel enviado desde el cielo curará sin más a un enfermo desahuciado por los médicos.

Es una confianza que se fundamenta en la inaudita maravilla de la encarnación: Dios presencia de amor en la condición humana. Encarnación que tuvo lugar de modo singular y definitivo en Jesucristo, cuyo Espíritu hace posible la encarnación a lo largo del tiempo en hombres y mujeres que se abren a esa Presencia desarrollando sus talentos para superar los males y contratiempos.

Hace años, una canción en América Latina decía: "Cuando el pobre nada tiene y aun reparte; cuando espera y no se cansa de esperar; cuando hermano le llamamos al extraño, va Dios mismo en nuestro mismo caminar". Las personas que, probadas en los fracasos, en la pobreza y en el sufrimiento, aún siguen confiando, muchas veces sin saberlo, están dando razón de la esperanza.

Cómo ejercer hoy la esperanza

A lo largo de este libro, casi machaconamente, ha salido una y otra vez la novedosa singularidad de la encarnación: Dios como presencia de amor que continuamente se está dando, suscita en el ser humano la libre apertura o permeabilidad a esa Presencia que a todos y a todo da vida y aliento. En esa Presencia tenemos la clave y el marco para ejercer nuestra esperanza teologal que debemos practicar como practicamos la fe y la caridad.

Mantener la actitud de espera. Por nuestra misma condición buscamos seguridades que nos den tranquilidad. No solo en el dinero, cargos de poder o títulos de prestigio. También buscamos seguridad en prácticas religiosas;

parece que si cumplimos con exactitud lo mandado podemos estar tranquilos, como el fariseo que muy ufano en el templo esgrimía méritos porque cumplía con los rezos y ayunos prescritos. Hasta podemos buscar seguridad haciendo sin más lo que nos dice otra persona con relevante puesto social o eclesial, olvidando el maestro interior que habla en nuestra conciencia. Abdicar de nuestra responsabilidad con todos sus riesgos puede ser también una forma sutil del egocentrismo.

La existencia humana es como un embudo: muy ancho al principio, pero luego se va estrechando hasta quedar solo como un pequeño orificio. Cuando uno se abre a la vida, después de la adolescencia parece que vale para todo, tiene las energías disponibles y todos los caminos abiertos; hace amistades, goza del amor, celebra sus éxitos y cuentan poco sus debilidades. Pero llega otra etapa en el proceso: bajan las fuerzas físicas y la capacidad psicológica; envejecemos, y aparecen nuevas generaciones de jóvenes por cuyo ritmo y mentalidad quedamos aparcados; mientras, la sombra de la muerte está cada vez es más cerca.

En una primera mirada, este proceso ineludible de disminución no es para dar gracias, sino para el malhumor, la resignación y la maldición. Pero si vivimos la confianza en esa Presencia de amor que continuamente se está dando en todas las situaciones, es posible vivir en actitud de espera y gustar esa Presencia de amor en el proceso de disminución y deterioro normal a nuestra condición humana. Con realismo y con alegría profunda.

Las limitaciones inevitables en los procesos de disminución o deterioro nos ponen ante dos posibilidades: o las rechazamos maldiciendo como Job el día en que nacimos, o las vivimos, también como Job ya convertido, como tiempo de maduración sumergiéndonos gozosos y libres en esa Presencia de amor para llegar a ser nosotros mismos. Así la espera que nos define, madura en esperanza, y la muerte puede ser inmersión total en esa Presencia de amor cuyo deseo está inscrito en corazón humano.

Abrir los ojos y discernir esa Presencia de amor que está viniendo a nuestro encuentro en cada persona y en cada acontecimiento. No todos ni todo lo que sucede responden a esa Presencia, pero todos y todo en esa Presencia tiene lugar. Son innegables los vacíos y males en el mundo actual, pero también son manifiestos los signos de insatisfacción, búsqueda de trascendencia y de compasión solidaria.

La esperanza cristiana no significa mirar al cielo sin tratar de construir el reinado de Dios o fraternidad universal la tierra, donde ya puja la semilla, y podemos discernir sus brotes. Sobran espiritualismos evasivos y profetas de calamidades. El verdadero profeta se detiene, observa la situación, escucha los justos reclamos, acoge los brotes nuevos de trascendencia y actualiza su experiencia de Dios en la situación que le toca vivir. En nuestro tiempo de cambios tan alborotados, los reclamos de justicia, de libertad y de fraternidad son cada vez más sonoros. Abramos los ojos porque en esos brotes "el Señor está cerca". Dejándonos interpelar por esos signos, podremos comprender un poco más y actualizar el evangelio de Jesucristo sobre Dios.

La convicción o experiencia que llamamos fe cristiana no convierte sin más el dolor en gozo, ni las tinieblas en claridad. Hay situaciones de sufrimiento y deterioro que nos dejan sin palabras. Solo cabe un silencio que ora: "Desde lo hondo a ti grito, Señor". Es un grito de confianza que nos mantiene esperanzados cuando parece que faltan razones para esperar.

Hay un resquicio de luz en la insatisfacción de la humanidad que, decepcionada de falsos mesianismos, una y otra vez reacciona levantándose de sus propias cenizas. Pero tantas catástrofes, injusticias, guerras, tantos abusos contra la dignidad de las personas, están sembrando en muchos la desesperanza.

Como miembros de esta humanidad ansiosa de ser feliz pero herida por el desencanto, vemos de actualidad máxima vivir y ofrecer la esperanza teologal, que puede dar sentido a la existencia humana cuando lo más razonable parece la desconfianza y la rendición. Desde la fe o experiencia cristiana no podemos quedar satisfechos respondiendo a la pregunta cómo puedo mantener viva la esperanza. Debemos preguntarnos también qué debemos y podemos hacer para que la estrella de la esperanza brille en todos los humanos, incluso en los que ya nada esperan.

Con esa humanidad sedienta de vida, pero braceando entre sombras de muerte, debemos pedir: "Tu rostro buscaré, Señor, no me escondas tu rostro". Dios camina encarnado en las personas y en los acontecimientos donde el amor y la compasión nos liberan del egocentrismo y acrecientan el humanismo de nuestra humanidad. Mientras se rompe la tela "de este dulce encuentro" en la fe, confiemos en que nuestra humanidad camina, entre luces y sombras, hacia un destino de vida plena: "Me saciarás de gozo en tu Presencia, de alegría perpetua a tu derecha".

Epílogo

Se puede creer o no creer en la existencia de Dios. Pero lo decisivo es qué estamos diciendo con esa palabra.

"A Dios nadie le ha visto". La pretensión de atrapar a la divinidad es un peligro en todas las religiones.

Dios solo puede ser conocido si se da él mismo a conocer.

Siempre inabarcable, todo lo que digamos sobre Dios no agota su misterio, pues son palabras e imágenes obra de nuestras manos.

En Jesucristo los cristianos percibimos un acontecimiento en el que Dios mismo se ha dado a conocer. El acontecimiento de la encarnación, donde la gloria de Dios se ha revelado en la condición humana, sin destruirla, afirmándola:

- Valorando la propia conciencia de las personas.

- Garantizando la dignidad inviolable del otro.

- Fomentando la mismidad de cada uno y la fraternidad sin discriminaciones.

- Impulsando a la liberación de las víctimas.

- Abriendo un camino de libertad y felicidad para todos.

Si bien la encarnación ha tenido lugar de un modo definitivo en Jesucristo, en cierto sentido también tiene lugar en la historia de todos los humanos con todas las realidades entre las que vivimos.

Presencia de amor que a todo da vida y aliento. Esa presencia es la Fuente de la que todo mana. En esa presencia existimos, somos nosotros mismos, nos movemos y actuamos. Nuestra disponibilidad y apertura libre a esa Presencia, ya está sugerida en esa huella o deseo de infinitud sembrado en lo más íntimo de nuestro yo.

El misterio de Dios no es una realidad etérea y sin consistencia. Jesús de Nazaret, en su conducta y en sus parábolas, es el lugar para discernir aproximativamente cómo es el Inefable y dónde se revela.

El "Abba" a quien Jesús invoca es Alguien que ama sin medida y sin discriminaciones. Pero no es una "superpersona" humana. Es más bien el fundamento, la fuente que está dando ser y consistencia a todas las personas.

Quien no ama no tiene experiencia de Dios que es amor.

Habla en los pobres: "tuve hambre y me diste de comer".

Es preferible que no creamos en Dios ni practiquemos una religión antes de creer en un Dios y practicar una religión que nos impida amar de verdad, ser felices, libres y autónomos en nuestras tareas seculares.

Como es preferible que los humanos no crean en Dios antes de que tengan miedo a su presencia. No somos sus esclavos sino hijos e imagen, partícipes de su misma vida.

No es creíble una divinidad que, para reparar su honor ofendido, se conforme con las alabanzas rituales y se desentienda de la humanidad que sufre.

Son peligrosos los fanáticos que se creen únicos poseedores de la verdad sobre Dios garante del orden o desorden establecido por ellos.

Creo que el poder inabarcable de Dios se manifiesta en la misericordia. Podré fracasar y echarme a perder porque soy libre. Dios, amor que gratuitamente se da, lamentará mi fracaso. Pero es impensable que tenga preparado un equipo especializado en torturas que nos aguarden en el infierno después de la muerte.

"Aunque la higuera no florezca ni en las viñas haya frutos. Aunque falle la cosecha del olivo, y los campos no produzcan alimento. Aunque no haya ovejas en el corral ni vacas en los establos, me alegraré en el Dios de mi salvación. El Señor es mi fortaleza y me da pies de gacela para caminar por rocas escarpadas. Aunque pase por el valle de sombra de muerte, no temeré mal alguno, porque Tú estás conmigo".

"¿Puede una madre olvidar a su niño de pecho, y dejar de amar al hijo que ha dado a luz? Aun cuando ella lo olvidara, yo no te olvidaré".

Índice general